*franckh* Schach

J. B. Estrin
N. Kalinitschenko

# d4-d5
## Der Angriff mit dem Damenisolani

### Tips für Angriff und Abwehr

franckh

Franckh'sche
Verlagshandlung
Stuttgart

Aus dem russischen Manuskript übersetzt von Anatol Zitrin
Bearbeitung der Übersetzung von Siegfried Fischer

90 Diagramme im Text

Umschlaggestaltung von Kaselow Design, München, unter Verwendung eines Dias von Uwe Höch. Das Bild zeigt eine Stellung aus dem Kapitel 1, Durchbruch im Zentrum (s. Seite 10).
Figuren und Brett stammen aus dem Sortiment der Horten Warenhaus AG

Lektorat von Siegfried Fischer, Stuttgart

CIP-Titelaufnahme der Deutschen Bibliothek

**Estrin, Jakov:**
d4 [vier] — d5, der Angriff mit dem Damenisolani: Tips für Angriff und Abwehr / J. B. Estrin; N. Kalinitschenko. [Aus d. russ. Ms. übers. von Anatol Zitrin]. — Stuttgart: Franckh, 1989
  (Franckh Schach)
  ISBN 3-440-05762-3
NE: Kaliničenko, Nikolaj:

Franckh'sche Verlagshandlung, W. Keller & Co., Stuttgart, 1989
L 10 Fi H rr / ISBN 3-440-05762-3
Printed in Germany / Imprimé en Allemagne
Fotosatz und Diagramme: Werbeservice M. Gluth, 6233 Kelkheim 2
Herstellung: Brönner & Daentler KG, Eichstätt

# d4-d5
# Der Angriff mit dem Damenisolani

# Was man zum Nachspielen wissen muß

Für das Aufschreiben der Züge wird in diesem Buch die »abgekürzte« Notation (Kurznotation) verwendet. Bei der abgekürzten Notation werden Ausgangsfeld und Bindestrich weggelassen. Die Figur wird mit dem großen Anfangsbuchstaben, in manchen Veröffentlichungen mit einem Figurensymbol bezeichnet; auf das »B« (für Bauer) wird der Einfachheit halber verzichtet. Falls zwei gleiche Figuren auf das gleiche Feld ziehen können (bei Springer oder Turm), muß der ursprüngliche Standort (Angabe der Reihe oder der Linie) hinzugefügt werden. Wenn zum Beispiel zwei Springer auf c3 und d2 stehen und derjenige auf c3 zieht nach e4, lautet der Zug in der abgekürzten Schreibweise Sce4. Das Schlagen eines Steins wird durch : gekennzeichnet, zum Beispiel De7:.
Schlägt ein Bauer, wird die Linie angegeben, auf der er steht, und die Linie und das Feld, auf die er hinüberwechselt, z. B. 3.ed. Die Züge 1.e2-e4 d7-d5 2.e4xd5 heißen in Kurzform 1.e4 d5 2.ed.
Stehen drei Punkte hinter der Zug-zahl (zum Beispiel 1. . . .), folgt ein Zug der schwarzen Partei; der weiße Zug ist also bereits geschehen.

Die in diesem Band vorkommenden Zeichen sind:

| | |
|---|---|
| - | zieht nach |
| hg | (Bauernschlag, z. B. 2.h4xLg5 = 2.hg) |
| : | schlägt (Kurznotation) |
| † | Schach |
| ! | guter Zug |
| ? | schlechter Zug |
| !? | interessanter Zug (zwei-schneidig) |
| ?! | fraglicher Zug, aber interessant |
| !! | sehr guter Zug |
| ?? | grober Fehler |
| 0-0 | kurze Rochade |
| 0-0-0 | lange Rochade |
| 1:0 | Weiß hat gewonnen |
| 0:1 | Schwarz hat gewonnen |
| = | Gleichstand |

Bei der Umwandlung eines Bauern in Dame wird das Symbol der Figur, in die sich der Bauer verwandelt, hinter den letzten Zug des Bauern auf die Grundreihe gesetzt.

# Einführung

»Der Bauer ist die Seele des Schachs.« Diese Aussage des großen französischen Schachspielers des 18. Jahrhunderts Philidor gehört auch heute noch zu den Grundsätzen der Schachstrategie, bestimmt doch die Anordnung der Bauern auf dem Brett alle weiteren Pläne des Schachmeisters. Was ist also ein Isolani im Zentrum? Als Isolani wird ein Bauer bezeichnet, auf dessen Nachbarlinien keine Bauern seiner Farbe, die ihm eventuell Schutz bieten könnten, stehen. »Das Problem des Damenisolani gehört zu den wichtigsten Problemen des gesamten Positionsspiels. Es handelt sich um die Beurteilung des statisch etwas schwachen Bauern, dem aber dynamische Kraft eigen ist. Was überwiegt im gegebenen Fall: die statische Schwäche oder die dynamische Stärke? Auf diese Weise gewinnt die gestellte Frage an Bedeutung und sprengt sogar den engen Rahmen des Schachspiels.« So äußerte sich seinerzeit der Schachphilosoph Nimzowitsch über das vorliegende Problem. Das Studium des Damenisolani-Problems wird dem Leser einen tieferen Einblick in alle Stadien der Partie (Eröffnung, Mittelspiel und Endspiel) geben und dadurch seine Spielkunst stärken helfen.

Außerdem ist die Möglichkeit, eine Stellung nach eigenem Geschmack zu erlangen, eine, in der sich der Spieler sicher fühlt, im heutigen Schach von großer Bedeutung. Stellungen mit einem zentralen Damenisolani können aus verschiedensten Eröffnungen entstehen, was aus den folgenden Beispielen erkennbar wird: Nimzowitsch-Verteidigung (1. d4 Sf6 2.c4 e6 3.Sc3 Lb4 4.e3 0-0 5.Ld3 d5 6.Sf3 c5 7.0-0 Sc6 8.a3 cd 9.ed dc 10.Lc4:), Caro-Kann (1.e4 c6 2.d4 d5 3.ed cd 4.c4 e6 5.Sc3 Sf6 6.Sf3 Le7 7.cd Sd5:), Damengambit (1.d4 d5 2.c4 dc 3.Sf3 Sf6 4.e3 e6 5.Lc4: c5 6.0-0 Sc6 7.De2 cd 8.Td1 Le7 9.ed), Italienisch (1.e4 e5 2.Sf3 Sc6 3.Lc4 Lc5 4.c3 Sf6 5.d4 ed 6.cd Lb4† 7.Ld2 Ld2:† 8.Sbd2: d5 9.ed Sd5:), Französische Verteidigung (1.e4 e6 2.d4 d5 3.Sd2 c5 4.ed ed 5.Lb5† Sc6 6.Sgf3 Ld6 7.dc Lc5:), Russisch (1.e4 e5 2.Sf3 Sf6 3.Se5: d6 4.Sf3 Se4: 5.d4 d5 6.Ld3 Le7 7.0-0 Sc6 8.c4 Sf6 9.Sc3 0-0 10.h3 dc) usw. W. Steinitz, der erste Weltmeister, war auch der erste Schachspieler, der auf das Isolani-Problem aufmerksam geworden war. In seinen Partien finden sich tiefsinnige Pläne, die auch heute als Wegweiser für den Kampf gegen den »Einzelbauern« dienen können. Den nächsten Schritt unternahm S. Tarrasch, dessen Äußerung »Wer vor einem Isolani im Zentrum Angst hat, sollte nicht Schach spielen« zum Sprichwort geworden ist. Tarrasch lieferte seinen Zeitgenossen überzeugende Beispiele der dynamischen Möglichkeiten des Isolani, und zwar nicht nur für Weiß, sondern auch für Schwarz: Die Tarrasch-Verteidigung im Damengambit ist noch immer ein zuverlässiges Hilfsmittel für Schachspieler, die einen aggressiven Stil pflegen.

Im weiteren Prozeß der Entwicklung der Schachtheorie wurde die Zweckmäßigkeit der Bildung eines Zentralisolani eine Zeitlang in Frage gestellt. Das bezieht sich insbesondere auf den Führer der schwarzen Steine: Nach der Entdeckung des Schlechter-Rubinstein-Angriffs in der Tarrasch-Verteidigung kam das Isolani-System tatsächlich für längere Zeit aus der Mode.

Aber die Entwicklung auf diesem Gebiet ist nicht stehengeblieben. Zuerst sind Verfahren entwickelt worden, die es Weiß in einer typischen Isolani-Stellung ermöglichen, erfolgreich um die Initiative zu kämpfen (hier ist u. a. Michail Botwinnik zu nennen). Später hauchte der WM-Zweikampf Petrosjan — Spasski der Tarrasch-Verteidigung neues Leben ein. In diesen Begegnungen griff Spasski mehrere Male zu Stellungen mit zentralisiertem Isolani und war damit erfolgreich, was für das bereits abgeschriebene System gewissermaßen den sportlichen »Freispruch« bedeutete.

Große Verdienste um das Isolani-Problem hat sich der Ex-Weltmeister Anatoli Karpow erworben, der Stellungen mit einem Damenisolani meisterhaft behandelt. Auch der gegenwärtige Weltmeister G. Kasparow scheut sich nicht davor, seine Zentralbauern zu isolieren.

Die Verfasser wünschen dem Leser, daß das vorliegende Buch — als erste Abhandlung zum Isolani-Thema im internationalen Schachschrifttum — zu einem tieferen Verständnis dieses Aspekts der Schachtheorie führt.

*J. Estrin*
*N. Kalinitschenko*

# Teil 1
# Der Damenisolani als mächtige Kraft!

**Spielgriffe mit einem Isolani**

Untersuchen wir die folgende Diagrammstellung mit einem Damenbauern als Isolani im Zentrum.

Diagramm Nr. 1

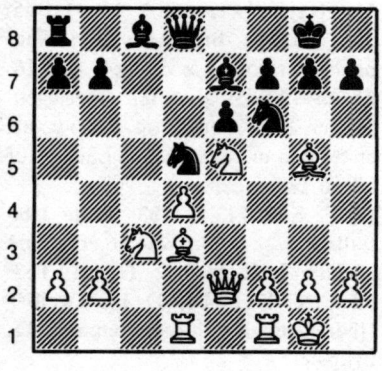

Der weiße Bauer d4 ist ein Isolani. Worin besteht seine Stärke (den Schwächen eines Isolani ist ein weiterer Abschnitt des Buches gewidmet)? Die dynamische Kraft des Damenisolanis beruht auf seiner »Vormarschenergie« (Tendenz d4-d5). Außerdem macht dieser Bauer die Felder e5 und c5 zu Vorposten für Weiß.

Verglichen mit den genannten Vor-

teilen, kann der schwarze Vorposten d5 keinesfalls als gleichwertige Kompensation gelten: Erstens verfügt Weiß über zwei Vorposten, während Schwarz nur einen hat, zweitens ist der weiße Se5 viel stärker als sein schwarzer Rivale Sd5. Es ist offensichtlich, daß der Se5, unterstützt von zwei starken Läufern (auf den Diagonalen d3-h7 und g5-f6), auf den gesamten gegnerischen Königsflügel Druck ausübt.

Außerdem kann der Anziehende — dank seiner Überlegenheit im Raum — mühelos seine Figuren umgruppieren und Drohungen auf verschiedenen Brettabschnitten schaffen. Schließlich verhilft der Damenisolani seinem Besitzer zur Kontrolle über die e- und die c-Linie.

Daraus geht hervor, daß derjenige Spieler, der im Besitz des zentralisierten Isolani ist, im Kampf um die Initiative hauptsächlich folgende Verfahren anwendet:

— Öffnen des Spiels im Zentrum mittels des Isolanivorstoßes;

— Angriff am Königsflügel;

— Entfaltung von Initiative am Damenflügel;

— Vormarsch des Isolani zwecks Festhalten, um den auf der Nachbarlinie befindlichen gegnerischen Bauern festzuhalten (dieser

Griff ist bei der Postierung des schwarzen Bauern auf e7 möglich).
Untersuchen wir der Reihe nach jeden der genannten Pläne.

## Kapitel 1
## Öffnen des Spiels im Zentrum mittels des Isolanivorstoßes

Bei diesem Plan, der in der Spielpraxis zu den populärsten gehört, kommt die dem Isolani eigene Vormarschenergie besonders wirksam zum Tragen.

Hier das klassische Beispiel eines Durchbruchs im Zentrum.

Damengambit

*Boleslawski – Kotow*

Zürich 1953

**1.d4 d5 2.c4 dc 3.Sf3 Sf6 4.e3 e6 5.Lc4: c5 6.0-0 a6 7.De2 cd 8.ed Le7 9.Sc3 b5 10.Lb3 Lb7 11.Lg5 0-0 12.Tfe1 Sc6 13.Tad1**

(siehe Diagramm Nr. 2)

Weiß hat seine Steine auf die zweckmäßigste Weise angeordnet und ist bereit, den Durchbruch im Zentrum d4–d5 auszuführen.
Was kann Schwarz nun zu seinem Schutz unternehmen?
Nach 13. . . .Sb4 durchbricht der Anziehende die schwarze Verteidigungslinie mittels 14.d5! Sbd5: 15. Sd5: Ld5: 16.Ld5: Sd5: 17.Le7: De7: 18.Td5: (W. Rauser).

Diagramm Nr. 2

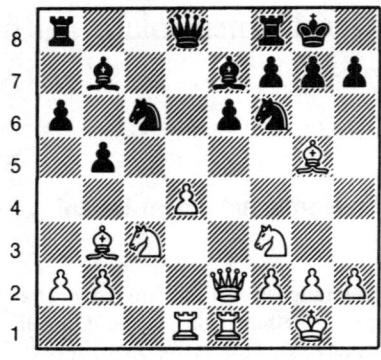

M. Najdorf empfahl 13. . . .Sd5, aber nach D. Bronstein steht Weiß nach 14.Ld5: Lg5: 15.Le4! Lf6 16. d5 ed 17.Sd5: abermals überlegen.
In der Partie beschloß Kotow, als erstes den unangenehmen Läufer auf b3 zu beseitigen:
**13. . . .Sa5 14.d5! Sb3: 15.de Db6**
Falls 15. . . .Lf3:, so 16.ef† Kh8 17.Td8: Le2: 18.Ta8: Ta8: 19.Te2: oder 16.Df3: Sd4 17.De3 mit weißer Überlegenheit (hingewiesen von D. Bronstein).
**16.ab fe 17.Sd4**
Der Erfolg der weißen Eröffnungsstrategie liegt auf der Hand.
**17. . . .Ld6 18.De6:† Kh8 19.Sf3 Tad8 20.Lf4 Lf3:**
Schlecht ist 20. . . .Tfe8 21.Td6: Te6: 22.Tb6: Tb6: 23.Lc7.
**21.Td6: Td6: 22.Dd6: Dd6: 23.Ld6: Te8 24.Te8:† Se8: 25.Le5**
Das entstandene Endspiel ist für Weiß theoretisch gewonnen, und feines Spiel bringt dem Anziehenden den verdienten Sieg ein:

25. ...Lc6 26.b4 h5 27.f3 Kh7 28.
Se2 g5 29.Kf2 h4 30.g3 hg† 31.hg
Kg6 32.g4 Lb7 33.Ke3 Lc6 34.Sc3
Lb7 35.Se4 Ld5 36.Sc5 Kf7 37.Sa6:
Ke6 38.Lc3 La8 39.Sc5† Kf7 40.Se4
Kg6 41. Le5 Ld5 42.Sd2 Kf7, Schwarz
gab auf.

Hier ein Beispiel, in dem Weiß durch
rechtzeitiges Öffnen des Spiels die
ungünstige Postierung der schwarzen Figuren ausnützt.

Caro-Kann

*Dolmatow – Larsen*

Amsterdam 1980

1.e4 c6 2.d4 d5 3.ed cd 4.c4 Sf6
5.Sc3 e6 6.Sf3 Lb4 7.Ld3 dc 8.Lc4:
0-0 9.0-0 a6 10.a3 Le7 11.La2 b5?!

Diagramm Nr. 3

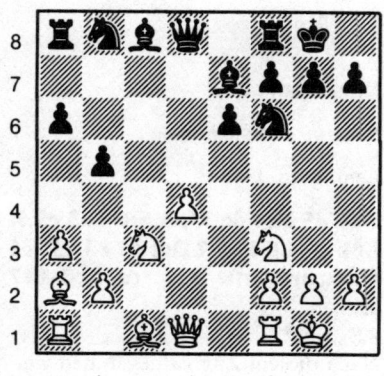

In Stellungen mit Entwicklungsvorsprung und einer geschwächten langen Diagonale erweist sich der
Durchbruch im Zentrum zur Öff-

nung des Spiels mitunter als zweckmäßig.

12.d5! ed 13.Sd5: Lb7?
Stärker wäre 13. ...Sd5: 14.Dd5:
Ta7 15.Lf4 Dd5: 16.Ld5: Le6 17.
Le6: fe gewesen, obwohl auch diese
Fortsetzung eine geringe weiße
Überlegenheit ergibt (Analyse von
Dolmatow).
14.Se7:† De7: 15.Lg5 Sbd7 16.Te1
Dc5?!
Besser war 16. ...Dd8.
17.Le3
Jetzt läuft die schwarze Dame auf
der Suche nach einer Zuflucht auf
dem Brett ziellos hin und her.
17. ...Df5 18.Sh4 De4 19.Lg5 Dc6
20.Tc1 Db6 21.Le3 Dd8 22.Sf5 Le4
23.Sd6 Lg6 24.Dd4
Weiß, der auf dem gesamten Brett
herrscht, ist eindeutig im Vorteil.
24. ...Db8 25.f4! Td8 26.f5 Lh5
27.h3 Sb6 28.Db6: Db6: 29.Lb6:
Td6: 30.Le3, Schwarz gab auf.

Von Interesse ist auch die nächste
Partie, in der es dem Anziehenden
gelang, aus einer geringen Dishar-
monie im Aufbau der schwarzen
Steine Nutzen zu ziehen.

Damengambit

*Botwinnik – Petrosjan*

Moskau 1963

1.d4 d5 2.c4 dc 3.Sf3 Sf6 4.e3 e6
5.Lc4: c5 6.0-0 a6 7.a4 Sc6 8.De2
cd 9.Td1 Le7 10.ed 0-0 11.Sc3 Sb4
12.Lg5 Ld7        (s. Diagr. 4, S. 12)
Weiß führt den Durchbruch d4-d5

Diagramm Nr. 4

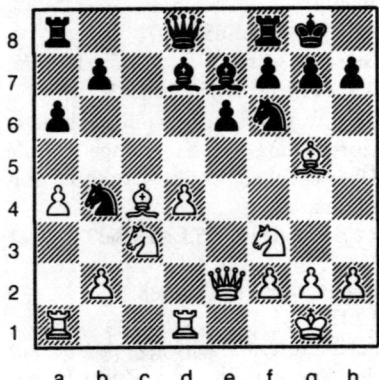

aus und erhält im Ergebnis einen Mehrbauern. Zu beachten ist die ungünstige Postierung des schwarzen Läufers auf d7. Die wichtigste Ursache, dank derer der Vormarsch des Anziehenden im Zentrum von Erfolg gekrönt sein wird, ist die fehlende Harmonie in der Anordnung der schwarzen Steine.

**13.d5! ed 14.Sd5: Sbd5:**
Oder 14. . . .Sfd5: 15.Le7: Se7: 16. Se5 Sbd5 17.Ld5: Sd5: 18. Td5:, und 18. . . .Lg4 geht nicht wegen 19. De4 (Botwinnik weist darauf hin, daß das Manöver 19. . . .Dd5: 20. Dd5: Td8 dem Nachziehenden nicht zu helfen vermag, weil der weiße Damenläufer bereits abgetauscht ist).

**15.Ld5: Sd5: 16.Td5: Lg5: 17.Sg5: h6 18.Dd2 hg 19.Td7: Df6**
Auch 19. . . .Db6 würde den Bauern wegen 20.Td5 Db3 21.Ta3 nicht retten.

**20.Tb7: Tad8 21.Da5 Td6 22.Db4 Tfd8 23.Tf1 Td4 24.Db3 Td3 25.Dc2 Td2 26.Dc7**

Der Drohung 26. . . .Tf2: 27.Tf2: Td1† würde Weiß mittels 27.Dd8:† zuvorkommen.
Immerhin räumt die Aktivität der schwarzen Figuren dem Nachziehenden gute Remischancen ein, was aber keinesfalls den Wert der weißen Eröffnungsstrategie schmälert.

**26. . . .Df4 27.Df4: gf 28.h4 Tc8 29. Tb4 f3! 30.gf Tcc2 31.b3 Tb2 32.Kg2 Td3 33.Tb8† Kh7 34.Tb7 f6 35.Te1 Tdb3: 36.Tb3: Tb3: 37.Te6 Tb4 38. Ta6: Th4: 39.Kg3 (39.Kf1!?) 39. . . . g5! 40.Kg2 Kg6 41.Ta8 Tf4 42.a5 Ta4 43.a6,** Remis.

Im nächsten Beispiel hat der Durchbruch dem Anziehenden materielle Verluste eingebracht, aber die gegnerische Stellung ist am Königsflügel derart geschwächt worden, daß Weiß zum entscheidenden Angriff kommt.

Damengambit

*Spasski – Awtonomow*

Leningrad 1949

**1.d4 d5 2.c4 dc 3.Sf3 Sf6 4.e3 c5 5. Lc4: e6 6.0-0 a6 7.De2 b5 8.Lb3 Sc6**
Genauer dürfte 8. . . .cd 9.ed Le7 sein.

**9.Sc3 cd?**
Nach diesem Zug ist gegen den weißen Durchbruch im Zentrum nichts zu machen. Besser war 9. . . .b4 10.Sa4 cd.

**10.Td1 Lb7 11.ed Sb4**
Bei 11. . . .Sa5 würde Weiß nach dem Muster der Partie Boleslawski

— Kotow durchbrechen: 12.d5! Sb3:
13.de Dd1: 14.Dd1: Sa1: 15.ef† Kf7:
16.Sg5† Kg6 17.Dd3† mit gewinn-
bringendem Angriff (B. Slotnik).

Diagramm Nr. 5

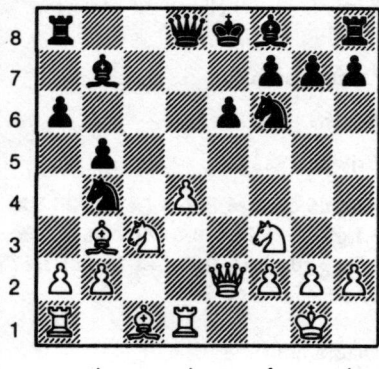

12.d5! Sbd5: 13.Lg5! Le7 14.Lf6:
gf 15.Sd5: Ld5: 16.Ld5: ed 17.Sd4
Der weiße Durchbruch hat die
schwarze Stellung dermaßen geschwächt, daß der Anziehende in
wenigen Zügen gewann:
17. . . .Kf8 18.Sf5 h5 19.Td5:! Dd5:
20.De7:† Kg8 21.Df6:, und Schwarz
gab auf.

Weitere zwei interessante Beispiele:

Damengambit

*Tarjan – Buljovcic*

Novi Sad 1975

1.d4 d5 2.c4 dc 3.Sf3 Sf6 4.e3 e6 5.
Lc4: c5 6.0-0 a6 7.a4 cd 8.ed Sc6
9.Sc3 Le7 10.Lg5 0-0 11.Te1 b6?
12.d5!

Diagramm Nr. 6

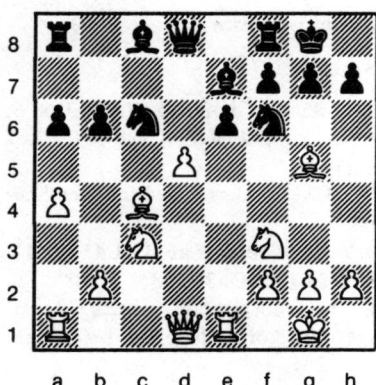

Der Versuch des Nachziehenden, seinen Läufer auf die lange Diagonale
zu entwickeln, wird vom Weißen eindeutig widerlegt.
Ein wichtiger Hinweis für den gegen
einen „Isolani" kämpfenden Schwarzen: Indem der Nachziehende seinen
Damenflügel — noch bevor er mit
der Entwicklung fertig ist — durch
b7-b6 schwächt, verleitet er den Rivalen zum Durchbruch im Zentrum.
12. . . .Sd5: 13.Sd5: ed 14.Dd5: Lg5:
15.Dg5:! Lb7
Weiß stünde auch nach 15. . . .Dg5:
16.Sg5: besser.
16.Tad1 Dc7 17.Ld3 g6
Zu gefährlichem weißem Angriff
führt auch 17. . . .h6, z. B. 18.Df5
g6 19.Dh3 Kg7 20.Lg6:! Kg6: 21.
Dg4† Kh7 22.Sg5† Kh8 23. Td7 Lc8
24.Dh5, und Weiß gewinnt (Analyse
von D. Tarjan).
18.Dh6 f5 19.Lc4† Kh8 20.Le6 Tad8
21.Td7, und Schwarz gab auf.

Damengambit

*Lukacs – Flesch*

Szolnok 1975

**1.d4 d5 2.c4 dc 3.Sf3 Sf6 4.e3 e6 5. Lc4: c5 6.0-0 cd 7.ed Sc6 8.Sc3 Le7 9.a3**
Weiß verhindert das Manöver Sc6-b4.
**9. . . .0-0 10.Te1 a6 11.Ld3 b5 12. Lc2 Lb7 13.Dd3! Tc8?**
Es war notwendig, mittels 13. . . . g6! den Königsflügel zu befestigen.

Diagramm Nr. 7

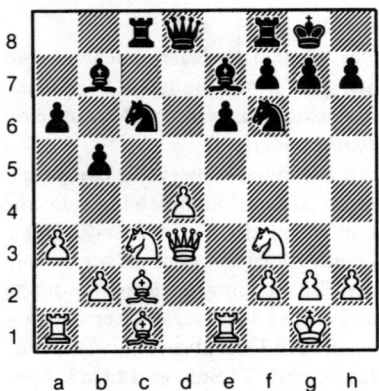

  a  b  c  d  e  f  g  h

**14.d5! ed 15.Lg5 Se4 16.Se4: de 17. De4: g6 18.Tad1!**
Nachdem das Spiel offen geworden ist, birgt die weiße Initiative — dank des Entwicklungsvorsprungs des Anziehenden — eine schreckliche Gefahr.
**18. . . .Dc7 19.Dh4 Tce8?!**
Zäher wäre 19. . . .f6 gewesen, aber nach 20.Lf4 Se5 21.Lb3† Kh8 22. Sd4 käme Weiß sowieso in Vorteil.
**20.Lb3 h5 21.Le7: Se7: 22.Se5! Td8**

**23.Td8: Dd8: 24.Sf7:! Tf7: 25.De7:,**
und Schwarz gab auf.

Einem schwarzen Isolani gelingt es zwar seltener, aber nicht weniger effektvoll, die Stellung zu sprengen.

Damengambit

*Psachis – Geller*

Eriwan 1982

**1.d4 d5 2.c4 e6 3.Sc3 Le7 4.Sf3 Sf6 5.Lg5 h6 6.Lh4 0-0 7.e3 b6 8.Lf6: Lf6: 9.cd ed 10.Dd2 Le6 11.Td1 De7 12.g3 c5! 13.dc Td8**

Diagramm Nr. 8

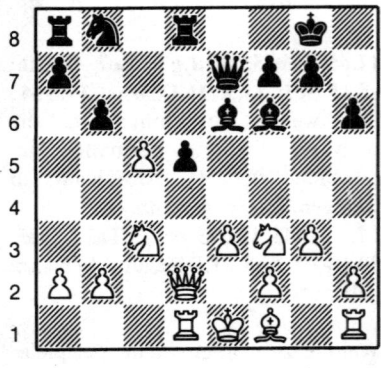

  a  b  c  d  e  f  g  h

**14.cb?**
Weiß sollte mit 14.Lg2 seine Entwicklung vollenden. Nach dem Zug in der Partie bricht Schwarz im Zentrum durch.
**14. . . .d4! 15.Lg2**
Nach 15.Se4 Ld5! 16.Sf6:† Df6: 17. Dd4: Df3: 18.b7 Td7! 19.Da4 Dd1:†!

20.Dd1: Lh1: 21.f3 Td1:† 22.Ke2
Td2†! gewinnt Schwarz (hingewiesen von E. Geller).
**15. . . .Sc6 16.Sd4: Sd4: 17.ed**
Unzulänglich ist auch 17.La8: Ta8:
18.ed wegen 18. . . .Ld5† 19.De2
Lh1: 20.De7: Le7: 21.ba Ta7:, und
die schwarze Mehrfigur ist stärker
als drei weiße Mehrbauern.
**17. . . .Lh3† 18.Kf1 Td4: 19.De3
Db7! 20.f3 Td1:† 21.Sd1: Da6† ?2.
Kg1 Td8 23.Sf2 Ld4 24.De1 Lf2:†**
Nach **25.Kf2: Db6:† 26.Kf1** würde
26. . . .Lc8, drohend 27. . . .La6†,
geschehen, daher gab Weiß auf.

Auch im nächsten Beispiel liefert der
schwarze Durchbruch ein schönes
Bild.

Damengambit

*Tal – Agsamow*

Sotschi 1984

**1.c4 c5 2.Sf3 Sf6 3.Sc3 e6 4.e3 Sc6
5.d4 d5 6.cd ed 7.Le2 cd 8.Sd4: Ld6
9.0-0 0-0 10.Sf3 a6 11.b3 Te8 12.
Lb2 Lc7 13.Dd3 Dd6 14.Tfd1?**
(siehe Diagramm Nr. 9)
Weiß ist viel zu optimistisch. Besser
war 14.g3, den Königsflügel festi-
gend. Nach dem Zug in der Partie
erhält Schwarz die Möglichkeit, die
Schlagkraft seiner Dame und seines
Läufers sowie die Verwundbarkeit
der weißen Königsstellung auszunützen und den standardmäßigen Durchbruch im Zentrum auszuführen.
**14. . . .d4! 15.ed**
Andere weiße Fortsetzungen sind
schlechter, z. B. 15.Dc2 Lg4! 16.g3

Diagramm Nr. 9

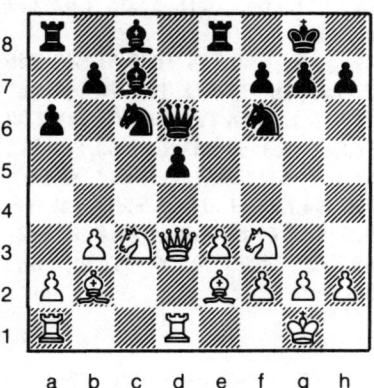

Sb4 17.Db1 dc 18.Td6: cb oder 15.
Db1 dc 16.Td6: cb 17.Tf6: baD 18.
Da1: gf 19.Df6: Te6, mit großem
schwarzem Vorteil in beiden Fällen
(Analyse von G. Agsamow).
**15. . . .Lg4 16.g3 Sb4! 17.La3**
Weiß trifft die beste Wahl. Nach 17.
Dd2 Te2:! 18.Se2: Lf3: 19.La3 Dd7!
stünde Schwarz auf Gewinn.
**17. . . .Sd3: 18.Ld6: Ld6: 19.Td3:
Lb4 20.Lf1 Lf5**
Seine Spielweise brachte dem Nach-
ziehenden materielle Überlegenheit
ein, und deren Verwertung ist ihm
letzten Endes gelungen:
**21.Sd1 Ld3: 22.Ld3: Sd5 23.Lc4
Tad8 24.a4 Kf8?!** (24. . . .La5!) **25.
Kf1 g6 26.a5! Te7 27.h4 h5 28.Kg2
Kg7 29.Kf1 Kf8 30.Kg2 Kg7 31.Kf1
Tc7 32.Kg2 Kf8 33.Kf1 Kg7 34.Kg2
f6 35.Kf1 Te7 36.Kg2** (36.Ta4!?) **36.
. . .Tc7 37.Kf1 Tcd7 38.Ta4 Le7 39.
Ta1 Lb4 40.Ta4 Le7 41.Ta1 Lf8 42.
Kg2 Kh7 43.Ta4 Te8 44.Ta1 Lb4
45.Ta4 Le7 46.Ta1 Lb4 47.Ta4 Lf8
48.Ta1 Sb4 49.Sc3**

Bei 49.Se3 wäre 49. . . .Lh6 50.Ta4
Le3: 51.Tb4: Lc1! 52.d5 Lb2 gut
gewesen.
**49. . . .Kg7 50.Ta4 Tdd8 51.Se2 Sd5
52.Ta1 Kh6 53.Kf1 Td7 54.Kg2 Le7
55.Kf1 Ld8 56.Ta4 Lc7 57.Ta1 Lb8
58.Sc1 Sc3 59.Sd3 La7 60.Tc1 Se2
61.Te1 Tde7 62.Ld5 Ld4:! 63.Lb7:
Lc3 64.La6: Le1: 65.Sfe1: Ta8 66.
Sc5 Sd4 67.b4 Te1:†! 68.Ke1: Sc2†
69.Kd2 Sb4: 70.Lc4 Ta5:!**, und
Schwarz gewann.

Der Vormarsch d4-d5 bzw. d5-d4 ist
nicht nur dann zweckmäßig, wenn er
— wie in den angeführten Beispielen — zu einem direkten Königsangriff führt. Er kann sich auch als
wirksames Mittel zur Organisierung
von Druck auf den gegnerischen
Damenflügel erweisen. Im folgenden
Beispiel tauscht Weiß zu diesem
Zweck die Springer ab, um seiner
Dame die Postierung auf f3 zu ermöglichen.

Damengambit

*Rubinstein – Tartakower*

Marienbad 1925

**1.c4 e6 2.Sf3 d5 3.d4 Sf6 4.Sc3 dc
5.e3 a6 6.a4 c5 7.Lc4: Sc6 8.0-0 cd
9.Sd4:!**
Weiß, der die Öffnung des Spiels beabsichtigt, räumt das Feld f3 für seine Dame.
**9. . . .Sd4: 10.ed Le7**

(siehe Diagramm Nr. 10)

Diagramm Nr. 10

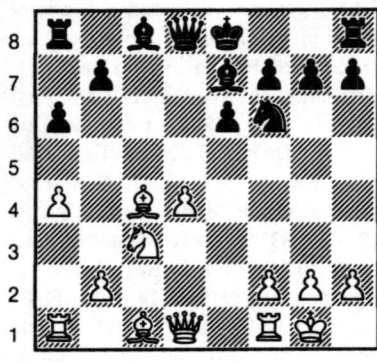

**11.d5!**
Rubinstein, der dem Rivalen in der
Entwicklung überlegen ist, öffnet
das Spiel und kommt damit ans
Ruder.
**11. . . .ed 12.Sd5: Sd5: 13.Ld5: 0-0
14.Df3**
Die Abwesenheit des Sf3 und des
Sc6 kommt Weiß zugute, da der
Schutz des Bb7 dem Nachziehenden
schwerfällt.
**14. . . .Ld6!**
Tartakower spielt meisterhaft. Jetzt
bringt 15.Lb7: wegen 15. . . .Lh2:†
16.Kh2: Dc7† nichts ein.
**15.Te1 Dh4 16.h3 Db4 17.Td1 Tb8
18.b3 Le6 19.Le6: fe 20.De2 Lc5!**
Schwarz nützt jegliche, auch die geringste Gegenspielmöglichkeit aus.
**21.De6:† Kh8 22.La3 Da5 23.Td5**
Weiß gibt den Bauern zurück und erzwingt ein vorteilhaftes Endspiel.
**23. . . .Lf2:† 24.Kh1 Dc3 25.Tc1 Df6
26.Df6: Tf6: 27.Td7! Le3 28.Tb7:
Tb6 29.Tb6: Lb6:**
Weiß hat einen Mehrbauern gewon-

nen, wonach der weitere Kampf zu einer rein technischen Angelegenheit geworden ist.

**30.Tc6! h5 31.Ld6 Tb7 32.b4 a5 33. b5 Kh7 34.g4 hg 35.hg Kg8 36.Kg2 Kf7 37.Kf3 Ld8 38.Ke4 Ke8 39.Kd5 g5 40.Ke6 Lb6 41.Tc8† Ld8 42.Lc5 Tb8!**

Weiß geht der hinterlistig angelegten Falle — 43.Tb8: mit Patt — aus dem Wege!

**43.Tc6 Tb7 44.b6 Tb8 45.Tc7 Lc7: 46.bc Tc8 47.Lb6 Ta8 48.La7!**, und Schwarz gab sich geschlagen.

Manchmal geschieht der Durchbruch d4-d5 in einem späteren Stadium der Partie, wie im folgenden Beispiel gezeigt wird.

Damengambit

*Gligoric – Szabo*

Hamburg 1965

**1.d4 d5 2.c4 dc 3.Sf3 Sf6 4.e3 e6 5. Lc4: c5 6.0-0 a6 7.a4 Sc6 8.De2 cd 9.Td1 Le7 10.ed 0-0 11.Sc3 Ld7** Schwarz beabsichtigt das Manöver Sb4 und Lc6, um das Feld d5 unter Kontrolle zu bekommen.

(s. Diagramm Nr. 11)

**12.Lf4**
Der unverzügliche Durchbruch d4-d5 war sinnlos, weil sich die schwarze Dame auf c7 bequem eingerichtet hätte. Möglich war hingegen 12.Lg5 Sb4 13.d5 nach dem Muster der Partie Botwinnik — Petrosjan.

Diagramm Nr. 11

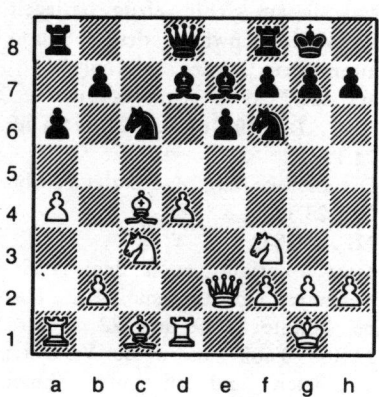

**12. . . .Sb4 13.Se5**
Auch hier ginge Weiß nach 13.d5 ed 14.Sd5: Sbd5: 15.Ld5: Sd5: 16.Td5: De8! leer aus. Wir kommen zu dem Schluß, daß der im Zentrum durchbrechende Spieler nur dann mit Vorteil rechnen kann, wenn er dem Rivalen in der Entwicklung überlegen ist. Ansonsten entsteht nach massenhaften Tauschen eine ausgeglichene Stellung.
**13. . . .Le8 14.Lg5!**
Weiß verstärkt den Druck auf das Feld d5.
**14. . . .Sfd5 15.Ld5: Sd5: 16.Sd5: Lg5:**
Nach 16. . . .ed 17.Le7: De7: 18. Df3 stünde Weiß überlegen, da sein Springer aktiver als der gegnerische Läufer ist.
**17.Sc3**
Der Vorteil des Anziehenden, der besser entwickelt ist, das Zentrum unter seiner Kontrolle hat und mit dem Durchbruch d4-d5 droht, liegt auf der Hand.

**17. ...Lc6 18.Sc6: bc 19.a5!**
Mit diesem Schlüsselzug besiegelt
Weiß die Schwäche des Ba6 und
nimmt dem Gegner die Möglichkeit,
auf das Feld b6 vorzurücken.
**19. ...Le7 20.Dc4 Dd6 21.Sa4 Tfd8
22.Tac1?!**
Die richtige Zugfolge lautet 22.Sb6
Ta7 23.Tac1.
**22. ...Db4?**
Jetzt unterläuft auch dem Nachziehenden eine Ungenauigkeit. Dabei könnte Szabo mit 22. ...Lf6!
23.Sb6 Tab8 das weiße Versehen
ausspielen und zu gutem Spiel
kommen.
**23.Sb6 Ta7 24.Dc6: Da5: 25.d5!**
Da die schwarzen Figuren schlecht
zusammenwirken, ist die Situation
für einen weißen Durchbruch im
Zentrum günstig.
**25. ...ed 26.Sd5:**
Da 26. ...h6 wegen 27.Ta1 Dc5
28.Dc5: Lc5: 29.Sf6† nicht geht,
wählte Schwarz **26. ...Kf8,** gab aber
nach **27.b4!** auf. Falls 27. ...Db5
(27. ...Lb4: 28.Sb4:!), so 28.Se7:
Td1:† 29.Td1:† Ke7: 30.Te1† mit
Matt im nächsten Zug.

In allen bisher gezeigten Beispielen
war der Spieler, der den Durchbruch
d4-d5 bzw. d5-d4 ausführte, damit
auf markante Weise erfolgreich. Das
ist nicht immer der Fall. Es kommt
vor, daß der Durchbruch nur geringe Initiative oder eine erwünschte
Vereinfachung der Stellung ergibt
(letzteres trifft vor allem für Schwarz
zu).

Hier zwei Beispiele aus einem WM-
Zweikampf:

Nimzowitsch-Verteidigung
*Kasparow – Karpow*
Moskau 1985
**1.d4 Sf6 2.c4 e6 3.Sc3 Lb4 4.Sf3 0-0
5.Lg5 c5 6.e3 cd 7.ed h6 8.Lh4 d5
9.Tc1 dc**
Auf diese Weise erreicht Schwarz
eine zum angenommenen Damengambit gehörende Stellung, in der
Weiß jedoch ein Tempo mehr hat.
**10.Lc4: Sc6 11.0-0 Le7**

Diagramm Nr. 12

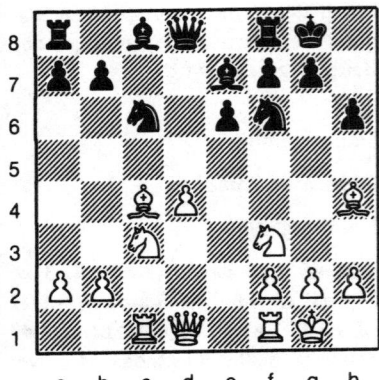

Auf dem Brett ist eine typische Position mit dem Bd4 als Isolani entstanden. Kasparow hat sich noch
nicht für einen konkreten Plan entschieden. Er entwickelt ruhig seine
Figuren, wobei ihm sowohl der
Durchbruch d4-d5 als auch ein Angriff am Königsflügel zur Verfügung
stehen.
**12.Te1 b6**

In der 9. Partie des WM-Zweikampfes Kortschnoi — Karpow, Meran 1981, wählte der damalige Weltmeister 12. . . .Sh5 und kam zu gutem Spiel, aber dort übersah der Anziehende die Fortsetzung 13.Le7: Se7: 14.Se5 Sf6 15.Te3 mit weißen Angriffschancen.

Diagramm Nr. 13

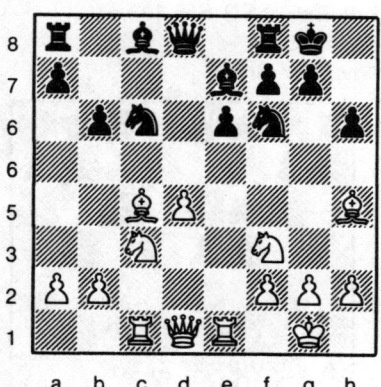

Kasparow benötigte für seinen nächsten Zug 24 Minuten Bedenkzeit, konnte sich aber nicht zu 13.d5 entschließen. Dabei wären interessante Varianten entstanden, z. B. 13. . . . ed 14.Sd5: Sd5: 15.Ld5: Lh4: 16.Lc6: Tb8 17.Da4 mit Mehrbauergewinn oder 13. . . .Sd5: 14.Ld5: ed 15.Sd4! Lh4: 16.Sc6: Lf2:† 17.Kf2: Df6† 18. Kg1 Dc6: 19.Sd5: Db7 (19. . . .Dd7 20.Tc8:!) 20.Te7 mit Qualitätsgewinn. Immerhin wäre in der letzteren Variante die schwarze Erwiderung 16. . . .Dd6! 17.Sd5: Kh8 möglich, wonach für Weiß nichts Greifbares zu sehen ist (Analyse Awerbach und Taimanow).

Wie gesagt, hat Kasparow den Vormarsch auf spätere Zeit verschoben.
**13.a3 Lb7 14.Lg3 Tc8 15.La2**
Weiß manövriert sehr geschickt und ist zum üblichen Umbau 16.Dd3 nebst 17.Lb1 bereit, wonach er den gegnerischen König gefährlich bedrohen würde. Doch Karpow trifft zur Abwehr die günstigere Wahl:
**15. . . .Ld6!**
Verlockend ist 16.Lh4 Le7 17.Dd3 Te8 18.Lb1, drohend Te6:, wozu der Isolani seinem Besitzer in der Tat äußerst nützlich ist. Aber für Schwarz ist die Antwort 16. . . .g5! möglich, und nach 17.Lg3 (das Opfer 17.Sg5: hg 18.Lg5: geht nicht wegen 18. . . . Sd4:!) 17. . . .Lg3: 18.hg g4 19.Se5 Dd4:! 20.Sc6: Dd1: 21.Se7† Kg7 22. Tcd1: Tce8 gerät der weiße Springer in die Klemme. Daher entschließt sich Kasparow jetzt zum Durchbruch im Zentrum.
**16.d5 Sd5: 17.Sd5: Lg3: 18.hg ed 19.Ld5: Df6**

Diagramm Nr. 14

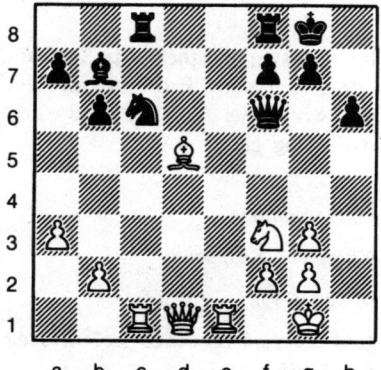

Nun hat sich die Stellung beträchtlich vereinfacht, aber außer einer gewissen Initiative sind für Weiß weit und breit keine besonderen Vorteile zu sehen.
**20.Da4 Tfd8 21.Tcd1 Td7**
Genauer war 21. . . .Td6!, z. B. 22. Lc6: Lc6: 23.Td6: Dd6: 24.Da7: Lf3: 25.gf Dd2.
**22.Dg4**
Wegen der Ungenauigkeit, die Schwarz unterlaufen ist, übt Weiß nach wie vor einen gewissen Druck aus. So käme er z. B. nach 22. . . . Tdc7 23.b4 in Vorteil.
Immerhin könnte Karpow nach 22. . . .Te7 das Gleichgewicht halten, z. B. 23.Lc6: Te1:† 24.Te1: Dc6: 25.Te7 Tc7 oder 23.Te7: De7: 24. Lc6: Tc6: 25.Td7 Tc1† 26.Kh2 Lf3: 27.gf De6 (Analyse v. Awerbach und Taimanow).
**22. . . .Tcd8?**
Ein grobes Versehen, dessen Folgen katastrophal sind.
**23.Dd7:! Td7: 24.Te8† Kh7 25.Le4†,**
und Schwarz gab auf.

Im nächsten Beispiel löste Schwarz erfolgreich seine Eröffnungsprobleme, wofür der Vorstoß d5-d4 den Ausschlag gab.

Damengambit

*Karpow – Kasparow*

Moskau 1985

**1.d4 d5 2.c4 e6 3.Sc3 Le7 4.cd ed 5.Lf4 Sf6 6.Dc2**

Weiß vereitelt zwar das Manöver 6. . . .Lf5, verspätet sich jedoch mit der Entwicklung seiner Kräfte am Königsflügel.
**6. . . .0-0 7.e3 c5**
Schwarz nimmt die Verwandlung des Bd5 in einen Isolani in Kauf, weil dieses Moment bei gutem Entwicklungsstand keinen Nachteil bedeutet.
**8.dc Lc5: 9.Sf3 Sc6 10.Le2**

Diagramm Nr. 15

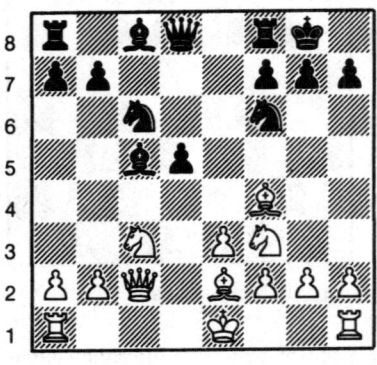

Nach dem thematischen Vormarsch 10. . . .d4! erlangt Schwarz bequemes Spiel.
**10. . . .d4 11.ed Sd4: 12.Sd4: Dd4: 13.Lg3 Le6 14.0-0 Tac8 15.Lf3 b6**
Den Bb7 hatte der Lf3 auf 'dem Korn. Nachdem der Bauer das Feld b7 verlassen hat, laufen die weißen Läufer ins Leere.
**16.Tfe1 Db4 17.Le5 Ld4 18.a3 Dc5 19.Ld4: Dd4: 20.Tad1 Dc5**
Zu beachten wäre 20. . . .Df4, das Manöver Da4-d4 verhindernd. Danach würde der Vorteil des Anzie-

henden, dessen Turm auf der d-Linie tätig ist, nur winzig klein sein.
**21.Da4 a5 22.Dd4 Dd4: 23.Td4: Tfd8 24.Ted1 Td4: 25.Td4: Kf8 26.Kf1 Ke7 27.Ke2 Lb3**
Auf dem Brett verlief weiterhin ein zäher Manövrierkampf, in dem beide Rivalen die Postierungen ihrer Figuren zu verstärken suchten.
**28.Ke3 Tc5 29.Kd2 h6 30.Le2 Se8 31.Lf3 Sf6 32.Td3 Te5 33.h3 Tc5 34. Td4 Tc8 35.Le2 Tc5 36.Ld3 h5 37. g3 g6 38.Se2 Sd7 39.Te4 Te5 40. Sd4 Ld5 41.Te2**
Hier blieb die Partie hängen. Kasparows Abgabezug hieß **41. . . .Te2:†.**
Nach Wiederaufnahme der Partie geschah **42.Le2: Sc5 43.Sb5 Se4† 44. Ke3 Sd6 45.Kd4 Lc6 46.Sd6: Kd6: 47.Lc4 Le8 48.h4 f6 49.Lg8 Kc6 50. Lg2 Kd6 51.Ld5 Ke7 52.Lg8 Kd6 53.Lb3 Ke7 54.Ld1 Kd6 55.Le2 Ld7 56.Ld3 Le8 57.Lc4 Ke7 58.Le2 Kd6 59.g4 hg 60.Lg4: Lf7 61.f4 f5 62.Ld1 Ld5 63.La4 Lf3 64.Lb3 Le2 65.Lf7 Lh5 66.Kc4 Le2† 67.Kc3 Lh5 68.b4 Ke7 69.Lc4 Kd6 70.ba ba 71.Kd4 Lf3 72.Lf1 Ld5 73.Le2 Lb7 74.Ld1 Ld5 75.Ke3 Ke5 76.La4 Lf7 77.Ld7 Kc4 78.a4 Kc5 79.Lb5 Kd5 80.Kd3 Kc5 81.Kc3 Kd6 82.Kd4 Lb3 83.Le8 Ke7 84.Lg6: La4: 85.Lf5: Kf6,** Remis.

♚ ♛

Der Besitzer des Isolani muß, insbesondere als Nachziehender, die Folgen der Spielöffnung im Zentrum sorgfältig abwägen, sonst kann er auf Unannehmlichkeiten wie im nächsten Beispiel stoßen.

**Damengambit**

*Tschernin – Dlugy*

Tunis 1985

**1.c4 c5 2.g3 Sf6 3.Lg2 Sc6 4.Sc3 e6 5.Sf3 d5 6.cd Sd5: 7.0-0 Le7 8. Sd5: ed 9.d4 0-0 10.dc Lc5: 11.Lg5 f6 12.Ld2**
Ein relativ neuer Aufbau. Der Sinn des weißen Vorhabens wird bald begreiflich werden. In der Partie Psachis — Agsamow, Riga 1985, geschah 12.Tc1 Lb6 13.Ld2 Le6 14. Se1 Dd7 15.Sd3 Lh3 16.a4 Lg2: 17. Kg2: Tfe8 18.b4 a6 19.Sc5 Lc5: 20. Tc5: b6 21.Tc1 Te4, und Schwarz stand ausgezeichnet.
**12. . . .Le6 13.e3!**
Diese Idee stammt von B. Larsen. Weiß beabsichtigt, mittels 14.Lc3 den Punkt d4 unter Kontrolle zu nehmen. Zwar kann der Nachziehende mit 13. . . .d4 den Isolani loswerden, aber nach 14.ed Sd4: 15.Le3 Sf3:† 16.Df3: Le3: 17.De3: steht Weiß besser, Larsen — Jussupow, Reykjavik 1985.
**13. . . .Db6 14.Tc1!**
Nach 14.Lc3 Tad8! wäre Weiß — angesichts der Drohung d5-d4 — zur Fortsetzung 15.Sd4 Sd4: 16.ed mit Spielausgleich gezwungen. Nach dem Zug in der Partie hingegen verfügt Weiß bei 14. . . .Tad8 über 15.

a3! a5 (15. . . .d4 16.b4 Le7 17.ed
Sd4: 18.Le3 Sf3:† 19.Df3: käme
Weiß ebenfalls zugute) 16.Dc2 nebst
17.Lc3, wodurch er den Kampf um
den Punkt d4 zu seinen Gunsten
entscheidet.

Diagramm Nr. 16

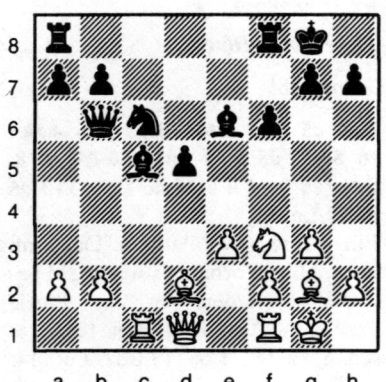

**14. . . .d4**
Solange es noch nicht zu spät ist,
tauscht Schwarz seinen schwachen
Bauern ab.
**15.ed Sd4: 16.b4! Sf3:† 17.Df3: Ld6**
Das Nehmen 17. . . .Lb4: geht nicht
wegen 18.Tb1 a5 19.a3 Dd8 20.De2!
Ld2: 21.De6:† Kh8 22.Tb7: nebst
weiterem Tb7-d7! (hingewiesen von
A. Tschernin).
**18.a3 Tf7!**
Schwarz hat es wirklich nicht leicht:
Nachdem sich das Spiel geöffnet hat,
haben die gegnerischen Läufer seinen Damenflügel auf dem Korn.
**19.Dd3 Lf8 20.Le3 Dd6 21.Db5 a6
22.Da5 Td7 23.Lf4**
Stärker dürfte 23.Tfe1! sein, den Zug
Le3-f4 als Drohung bewahrend.

**23. . . .Dd3 24.Lc7 Db5 25.Tfe1
Kf7?!**
Schwarz sollte zuerst die Damen abtauschen.
**26.Db5: ab 27.Lb7: Ta7**
Schlecht ist 27. . . .Ta3:? wegen 28.
Lc8 Te7 29.Ld6 Te8 30.Le6:† Te6:
31.Tc7†.
**28.Lc8 Tac7: 29.Tc7: Tc7: 30.Le6:†
Kg6 31.Td1**
Dieses feine Manöver ermöglicht es
dem Anziehenden, die ungünstige
Position des gegnerischen Königs
auszuspielen.
**31. . . .Tc3 32.Td8 Le7 33.Td7 Lf8
34.Lf7† Kh6 35.Td8! Le7 36.Td5 g6
37.Tb5: Ta3: 38.Tb7 Ld6 39.Lg8
Ta8 40.Th7:† Kg5 41.h4† Kf5 42.
Lb3 g5 43.Lc2† Kg4 44.Kg2,** Schwarz
gab auf.

## Kapitel 2
## Der Angriff am Königsflügel

Das vorliegende Verfahren geschieht
am häufigsten. Kehren wir zum Diagramm aus der Partie Boleslawski —
Kotow (Nr. 2) zurück. Welche weißen Figuren können den schwarzen
König gefährden? Welche Glieder
der schwarzen Verteidigungskette
sind am verwundbarsten?
Der eventuelle weiße Angriff richtet
sich gegen den »Bauernschild« vor
dem schwarzen König, wobei der
Punkt f7 am verwundbarsten ist.
Ihn hat — nach der Besetzung des
Feldes e5 — der weiße Springer auf

dem Korn, und vor dem Lb3 schützt ihn lediglich der Be6.
Nachdem Weiß seine Dame auf d3 postiert und das typische Manöver Lb3-c2 ausgeführt hat, richtet sich das Feuer der Dame und des Läufers gegen den Punkt h7.
Die weißen Türme sind am zweckmäßigsten auf den Feldern d1 und e1 postiert, da für sie von dort aus jeder Brettabschnitt erreichbar ist.
Schwarz, dem es an Raum mangelt, muß ganz genau spielen. Der Anziehende hat hier die Wahl zwischen zwei Plänen, nämlich einem Figurenangriff und einer Offensive, an der sich sowohl Bauern als auch Figuren beteiligen.

Ein Beispiel eines erfolgreichen Figurenangriffs liefert die folgende Partie.

Damengambit

*Polugajewski – Lutikow*

Swerdlowsk 1958

**1.d4 Sf6 2.c4 e6 3.Sf3 c5 4.e3 Le7 5.Sc3 0-0 6.Ld3 d5 7.0-0 dc 8.Lc4: Sbd7 9.De2 a6 10.a4 cd 11.ed Sb6 12.Lb3 Ld7 13.Se5 Le8?!**
Besser wäre 13. . . .Lc6 oder 13. . . . Sbd5 gewesen, um auf 14.Td1 mit 14. . . .Sb4 zu antworten.
**14.Td1 Sbd5 15.Td3 Tc8 16.Tg3 Kh8 17.Lg5 Sb4 18.Td1 Tc7**
Schwarz bereitet das Manöver 19. . . .Sfd5 vor, was im 18. Zug wegen 19.Sd5: Sd5: 20.Ld5: Lg5: 21.Lb7: nicht gegangen wäre.
**19.Th3**

Weiß hat seinen Turm auf den Königsflügel verlegt, mit der Absicht, 20.Df3 nebst Df3-g3-h4 auszuführen. Schwarz könnte dieses Vorhaben mit 19. . . .Lc6 verhindern, aber nach 20.De3 Sg8 21.Lf4 würde sich seine Lage komplizieren.
**19. . . .g6? 20.Df3 Tg8 21.Se4 Sh5**

Diagramm Nr. 17

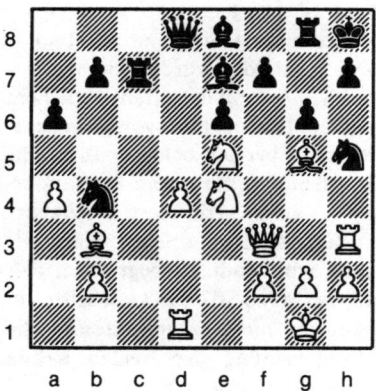

**22.Df7:!**
Dieser effektvolle Schlag führt am schnellsten zum Ziel. Bei 22. . . . Lg5: geschieht jetzt 23.Sg5: Dg5: 24.Dc7:, falls aber 22. . . .Lf7:, so gewinnt Weiß nach 23.Sf7:† Kg7 24.Sd8: Td8: 25.g4 Sf6 26.Lh6† Kh8 27.Sg5 (hingewiesen von Polugajewski).
**22. . . .Lc6 23.De6: Tg7 24.d5 Ld7 25.Le7: Te7: 26.Dd6 De8 27.Sf6 Sf6: 28.Df6:† Tg7 29.d6,** Schwarz gab auf.

Schwierigkeiten, die auf den Nachziehenden im Spiel gegen den Isolani lauern, verdeutlicht auch die nächste Partie.

Damengambit

*Botwinnik – Batuew*

Leningrad 1930/31

**1.d4 d5 2.c4 e6 3.Sc3 Sf6 4.Lg5 Le7 5.e3 0-0 6.Sf3 Sbd7 7.Ld3 dc 8. Lc4: c5**
Die auf dem Brett entstandene Stellung ist für das Angenommene Damengambit kennzeichnend.
**9.0-0 cd 10.ed**
Botwinnik erklärt seine Wahl so: »Nach 10.Sd4: würde eine symmetrische Stellung mit offensichtlichem weißem Entwicklungsvorsprung entstehen. Aber ich befolgte Tarraschs Empfehlung, mit einem zentralisierten Isolani zu verbleiben. Die Zweckmäßigkeit einer solchen Entscheidung wird dadurch begründet, daß der schwarze Sd7 das Geschehen im Zentrum nicht beeinflußt und die Mobilmachung der weißen Kräfte daher nicht stören kann.«
Da Michail Botwinnik als einer der größten Fachleute für die Behandlung typischer Stellungen mit dem Bd4 als Isolani gilt, ist seine Bemerkung höchst interessant.
**10. . . .Sb6 11.Lb3 Sbd5 12.Se5**
Nach 12.De2 b6 13.Sd5: ed 14.Tfe1 Le6 15.Se5 steht Weiß überlegen, Kortschnoi — de Greif, 1963.
**12. . . .Sfd7 13.Le7: Se7: 14.De2 Sf6 15.Tfd1 b6 16.Tac1 Lb7**

(siehe Diagramm Nr. 18)

**17.f3!**
Weiß schlägt zwei Fliegen mit einer Klappe: er verschafft seinem Sprin-

Diagramm Nr. 18

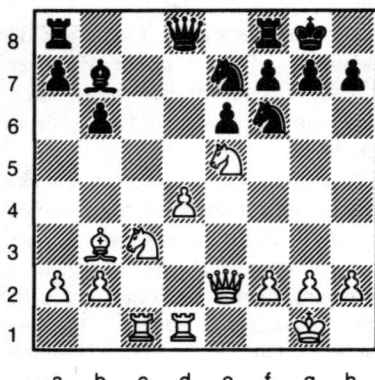

ger einen Stützpunkt auf dem Feld e4 und beschränkt gleichzeitig die Aktivität des gegnerischen Lb7.
**17. . . .Tc8?**
Ein Versehen, nach dem Weiß auf effektvolle Weise entscheidende Überlegenheit erlangt. Richtig war 17. . . .Sed5 18.Se4 Tc8 19.Tc8: Lc8: mit annähernd ausgeglichenem Spiel.
Es fällt auf, daß mehreren weißen Kombinationen, bei denen der Springer auf f7 geopfert wird, die Postierung des schwarzen Turms auf c8 zugrunde liegt.
**18.Sf7:! Tf7: 19.De6: Df8**
Der Versuch, mit 19. . . .Sed5 die Diagonale a2-g8 zu sperren, scheitert an 20.Sd5: Sd5: 21.Ld5: Ld5: 22. Tc8: mit Gewinn.
**20.Se4 Tc1: 21.Tc1: Sfd5 22.Sd6 La8**

(siehe Diagramm Nr. 19)

**23.Te1!**
Dieser stille Zug entscheidet den Ausgang der Partie.

Diagramm Nr. 19

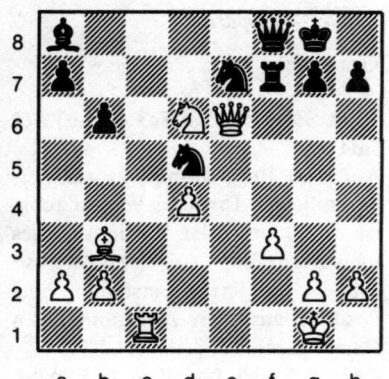

23. ...g6 24.Sf7: Df7: 25.De7:,
Schwarz gab auf.

Interessant und lehrreich ist folgende Partie:

Damengambit

*Stein – Peterson*

Kiew 1964/65

1.c4 c5 2.Sf3 Sc6 3.Sc3 Sf6 4.e3 e6
5.d4 d5 6.a3 cd
Heutzutage gilt 6. ...a6 als die genaueste Erwiderung, aber Schwarz steuert bewußt einer Stellung aus dem Angenommenen Damengambit zu.
7.ed Le7 8.Ld3 dc 9.Lc4: 0-0 10.0-0
b6 11.Te1
Zwecklos ist 11.d5 wegen 11. ...ed
12.Sd5: Sd5: 13.Ld5: Lb7 mit etwa gleichen Aussichten.
11. ...Lb7 12.La2

Die übliche Umgruppierung 12.Dd3 geht hier nicht:
Nach 12. ...Sa5 droht 13. ...Lf3:, daher muß der Anziehende von seinem weißfeldrigen Läufer Abschied nehmen.
12. ...Tc8 13.Dd3 Tc7 14.Lg5 Td7
15.Tad1 Dc8

Diagramm Nr. 20

Weiß hat seine Figuren günstig angeordnet und schwächt jetzt die schwarze Königsstellung. Dieses Verfahren nennt sich »Figurendruck am Königsflügel« und gehört zu den typischen Spielweisen.
16.Lb1 g6 17.La2 Te8 18.De3 Tdd8
19.h3 Sd5 20.Ld5:!
Der Anziehende wählt eine Stellung mit festem Bauernaufbau im Zentrum. In einer solchen Situation erweisen sich die Springer des öfteren — verglichen mit den Läufern — als nützlicher. Das zeigt sich auch in der vorliegenden Partie.
20. ...ed 21.Df4 Lg5: 22.Sg5: Dd7
23.Dh4 h5

Schlecht ist 23. . . .f6, weil Weiß nach 24.Te8:† Te8: 25.Sd5: fg 26. Sf6† Kh8 27.Dg3! De7 28.Se8: De8: 29.d5 auf Gewinn steht (Hinweis von L. Stein). **24.Df4 Kg7 25.Sf3 f6 26.Tdc1 Tdc8?** Dem Nachziehenden unterläuft der entscheidende Fehler. Zäher wäre 26. . . .La6 gewesen. Die Behandlung derartiger Stellungen ist alles andere als einfach, und Fehler kommen hier häufig vor. **27.Sb5! Te1:† 28.Te1: Sd8 29.Sd6 Se6 30.Dg3 Tc6**

Diagramm Nr. 21

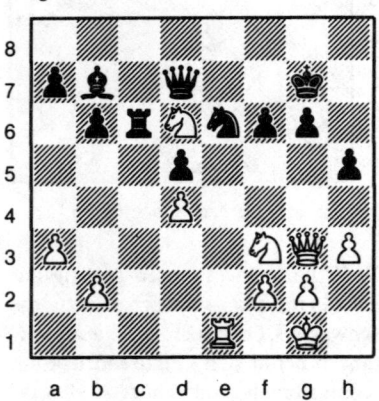

**31.Sh4! Sf8 32.Te7†,** Schwarz gab auf.

Im nächsten Beispiel führt kein Geringerer als der 13. Weltmeister Garri Kasparow, der als glänzender Isolani-Spezialist gilt, einen Figurenangriff am Königsflügel mit Schwarz aus.

Damengambit

*Sunye – Kasparow*

Graz 1981

**1.Sf3 Sf6 2.c4 c5 3.Sc3 e6 4.e3 Sc6 5.d4 d5**
Auf dem Brett kommt es zur herkömmlichen Tarrasch-Verteidigung. Ist Weiß mit der Isolierung des schwarzen Bd5 einverstanden, so entsteht mit Farbenumstellung eine Position aus dem Angenommenen Damengambit.
**6.cd ed 7.Lb5 Ld6 8.dc Lc5: 9.0-0 0-0 10.b3 Lg4 11.Lb2 Tc8!**
Allzu gut bekannte Töne: Schwarz bereitet die Plazierung seines Läufers auf b8 vor, wobei er einen Standard-Angriff am Königsflügel im Sinne hat.
**12.Tc1 Ld6 13.Le2 Lb8! 14.Sb5 Se4 15.Sbd4 Te8!**
Ein wichtiger Zug, dank dem das bevorstehende Manöver Dd6 an Bedeutung gewinnt. Nach unverzüglichem 15. . . .Dd6 wäre 16.Sc6: Lf3: 17.Le5! möglich gewesen.
**16.h3 Lf3:! 17.Sf3: Dd6 18.Dd3 Sg5?!**
Nachträglich wies Kasparow darauf hin, daß 18. . . .a6 19.Tfd1 Tcd8 mit etwas besserem schwarzem Spiel für ihn besser gewesen wäre.
**19.Tfd1 Tcd8**
Bei 19. . . .d4 wäre 20.Kf1! stark.
**20.Kf1 Se4 21.a3 a6 22.Dc2 La7 23. Ld3 De7 24.Te1?!**
Ein Versehen. Nach 24.b4 würden die Aussichten beider Partner annähernd gleich sein.
**24. . . .Td6?!**
Später bezeichnete Kasparow 24.

. . .a5! nebst Lc5, die Schwäche des Ba3 ausspielend, als stärker.
**25.b4! Te6 26.b5 ab 27.Lb5: h6 28. Tcd1 Td8 29.Db3 Dd6 30.a4 Lc5! 31.Te2 b6 32.Kg1 Se7!?**
Schwarz ballt seine Kräfte für einen Königsangriff zusammen.
**33.Sd4 Tg6 34.Ld3 Dd7! 35.Kh1?!**
Ein ernsthafter Fehler. Nach 35.f3 Sg3 36.Lg6: Se2:† 37.Se2: Sg6: würden die Chancen beider Seiten gleichwertig sein.
**35. . . .Sf5! 36.Le4:?**
Jetzt ist die Lage des Anziehenden hoffnungslos. Zwar bliebe Schwarz nach 36.Sf5: Df5: 37.Le4: De4: 38. f3 Dh4 am Ruder, aber dadurch wäre die Partie noch lange nicht verloren gewesen.
**36. . . .de 37.Ted2 Sh4! 38.Se6 Dd2: 39.Td2: Td2: 40.Sf4 Tg5! 41.Kg1 Sf3† 42.Kf1**
Schön ist die Variante 42.Kh1 Le3:! 43.fe Tdg2:!! 44.Sg2: Tg3 mit schwarzem Sieg (Analyse von G. Kasparow).

(siehe Diagramm Nr. 22)

**42. . . .Le3:!! 43.fe Tdg2:! 44.Dc3! Th2 45.Se2 Kh7! 46.Dc8**
Schwierigere Aufgaben würden sich vor dem Nachziehenden mit 46.Db4! auftürmen, z. B. 46. . . .f5! 47.Db5 f4! 48.Db4 Sd2†!! 49.Dd2: Th1† 50.Kf2 f3, obwohl ihm auch hier der Sieg nicht entginge (Analyse von G. Kasparow).
**46. . . .Th1† 47.Kf2 Sd2!**
Angesichts der Fortsetzung 48.Sg3 Th2† 49.Kg1 Sf3† 50.Kf1 Tb2: gab Weiß auf.

Diagramm Nr. 22

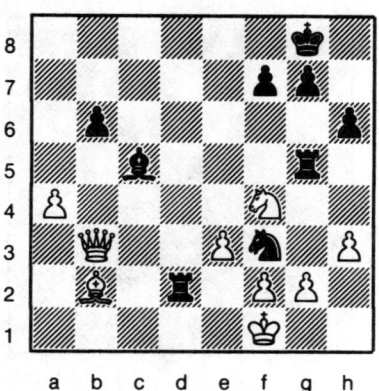

Es ist interessant zu beobachten, wie solche typischen Stellungen von Ex-Weltmeister Anatoli Karpow behandelt werden.

Damengambit

*Karpow – Timman*

Moskau 1981

**1.c4 c5 2.Sf3 Sc6 3.e3 Sf6 4.Sc3 e6 5.d4 d5 6.cd**
Nach Meinung Karpows wählte er hier die zweckmäßigste Fortsetzung, da der Einschluß der Züge a3 und a6 jener Seite zugute kommt, bei der sich ein Isolani herausbildet.
**6. . . .Sd5: 7.Ld3 Le7 8.0-0 0-0 9. a3 cd 10.ed**

(siehe Diagramm Nr. 23, S. 28)

Diagramm Nr. 23

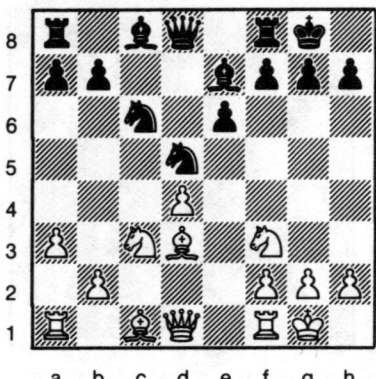

Auf dem Brett ist eine typische Stellung mit dem weißen Bd4 als Isolani entstanden. Karpow äußerte sich dazu wie folgt: »Was soll nun Schwarz unternehmen? Der Tausch 10. . . .Sc3: 11.bc kommt Weiß zugute, da seine Zentralbauern nach wie vor beweglich bleiben. Auch die Entwicklung des Lc8 macht dem Nachziehenden Sorgen. Unbrauchbar ist z. B. 10. . . . b6 wegen 11.Dc2 g6 12.Sd5: Dd5: 13.Le4. Nach 10. . . .Ld7 11.Dc2 g6 12.Lh6 Te8 13.Le4 steht Weiß überlegen. Es bleiben also nur die Züge 10. . . .Sf6 oder 10. . . .Lf6. Bei 10. . . .Sf6 geschieht 11.Lc2, und falls 11. . . .b6, so entsteht nach 12.Dd3 eine Variante der Nimzowitsch-Verteidigung, bei der Weiß über ein Tempo mehr verfügt.«
**10. . . .Lf6 11.Le4 Sce7 12.Dd3 h6**
Eine neue Idee. Früher pflegte man in derartigen Positionen mit 12. . . . g6 fortzusetzen, was es — laut Karpow — dem Anziehenden ermög-

lichte, mittels 13.Lg5 den für ihn vorteilhaften Läufertausch zu erzwingen.
**13.Se5 Sc3: 14.Dc3: Sf5**
Bei 14. . . .Dd6 wäre 15.b4 möglich, und falls 15. . . .Sd5, so 16.Dg3.
**15.Le3 Sd6 16.Lf3**
Wir machen den Leser auf den 15. Zug von Weiß aufmerksam. Nach 15. . . .Se3: 16.fe Le5: 17.de würde es dem Nachziehenden schwerfallen, den Lc8 einzusetzen, außerdem wäre auch der Druck auf den Bf7 unangenehm gewesen. Andererseits ist 16.Lc2 (statt 16.Lf3) nur anscheinend stark: Nach 16. . . .b6 17.Dd3 Sf5 18.g4 Le5: 19.gf Lh2:† stünde Schwarz fest auf den Beinen.
**16. . . .Ld7 17.Db4 Lb5 18.Tfe1 a5 19.Db3 La6 20.Tad1 Sf5 21.Le4 Se3: 22.De3: Dd6**

Diagramm Nr. 24

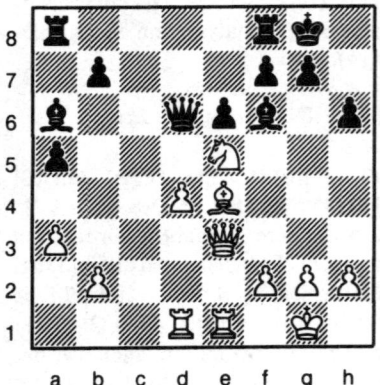

Weiß könnte mit der Fortbewegung seines f-Bauern den Standard-Angriff beginnen. Es besteht jedoch keine Sicherheit, ob dieser nach dem

Tausch zweier Leichtfiguren wirksam genug sein wird. Eine andere weiße Möglichkeit besteht im Figurendruck am Königsflügel, dem Karpow in der Partie den Vorzug gab.

**23.Lc2**

Bei 23.Lb1 wäre 23. . . . .Dd5 durchaus möglich, während nach dem Zug in der Partie — und darauffolgendem 23. . . .Dd5 24.Lb3 Dd6 — sowohl 25.d5 De5: 26.De5: Le5: 27. Te5: ed 28.Ted5: als auch 25.f4, drohend d4-d5, weiße Überlegenheit ergeben. Immerhin hält Karpow auch in der gegebenen Situation 23. . . . Dd5 für die beste Entscheidung.

**23. . . .Tfd8 24.De4 Tac8 25.Dh7†  Kf8 26.h3**

Weiß öffnet seinem König die »Hintertür«. Bei 26.Lb3 wäre 26. . . . Db6! stark gewesen.

**26. . . .b6?**

Der entscheidende Fehler. Nur 26. . . .Ke7 bot Schwarz die Möglichkeit, sich zu halten. A. Karpow meint, daß der Nachziehende sich nach 27.Sg4 Th8! 28.Df5 Ld4:! 29. De4 Thd8 30.Se3 g6 aus der Affäre gezogen hätte.

Es ist aber unheimlich schwer, im Dschungel der Varianten den einzig richtigen Pfad zu entdecken. Recht hatte R. Spielmann mit der Behauptung, daß es im Prinzip viel leichter ist anzugreifen, als sich zu verteidigen.

**27.Lb3 Lb7**

(siehe Diagramm Nr. 25)

Diagramm Nr. 25

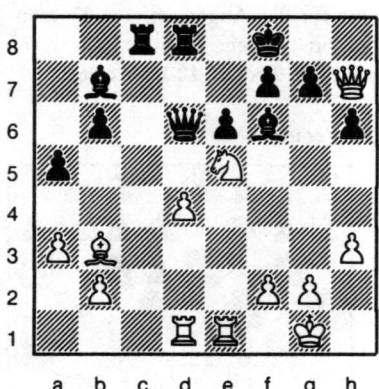

**28.d5!**

Ein bekannter Griff, der hier den Angriff am Königsflügel effektvoll ergänzt.

**28. . . .Dc7 29.de Td1: 30.Sg6†!,** Schwarz gab auf.

Bei Stellungen mit einem zentralisierten Isolani kommt ein Figurenangriff am Königsflügel des öfteren vor (der Vorposten auf e5 oder e4 »verleitet« die aktive Seite zu entsprechendem Handeln).

Falls der unmittelbare Druck am Königsflügel nicht ausreicht, so setzt die aktive Seite zusätzlich Bauern ein.

Damengambit

*Botwinnik – Vidmar*

Nottingham 1936

**1.c4 e6 2.Sf3 d5 3.d4 Sf6 4.Sc3 Le7 5.Lg5 0-0 6.e3 Sbd7 7.Ld3 c5 8.0-0**

Jetzt entsteht mit Zugumstellung eine für das Angenommene Damengambit typische Position.

**8. . . .cd 9.ed dc 10.Lc4: Sb6**

Diagramm Nr. 26

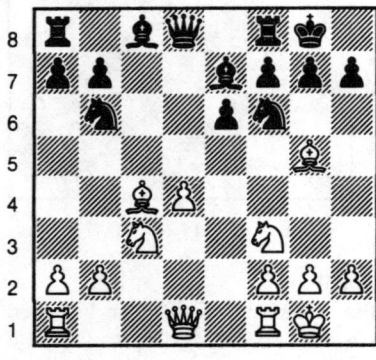

Schwarz hat den Punkt d5 unter sicherer Kontrolle, daher baut Weiß seine Kräfte, den Angriff am Königsflügel vorbereitend, nach bekanntem Muster um.

**11.Lb3 Ld7 12.Dd3 Sbd5**

Laut Botwinnik dürfte 12. . . .Sfd5, mit dem Versuch, das Spiel zu vereinfachen, genauer sein, aber nach 13.Le3 Sc3: 14.bc La4 15.c4 bliebe Weiß sowieso im Vorteil.

**13.Se5 Lc6 14.Tad1**

(siehe Diagramm Nr. 27)

Weiß hat sich eindeutig auf den Königsangriff festgelegt, während Schwarz noch über keinen bestimmten Spielplan verfügt.

**14. . . .Sb4 15.Dh3 Ld5 16.Sd5: Sbd5:**

Diagramm Nr. 27

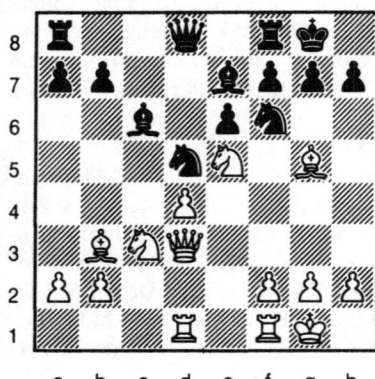

Besser wäre 16. . . .Sfd5: 17.Lc1 Tc8, obwohl Schwarz auch danach beengt stünde (hingewiesen von M. Botwinnik).

**17.f4**

Der weiße Angriff entfaltet sich mustergültig. Jetzt muß die f-Linie geöffnet werden. Der Zug 17.f4 wird taktisch dadurch begründet, daß bei 17. . . .Se4 die Fortsetzung 18.Sf7:! Kf7: 19.Tde1! geschieht, wonach Schwarz schwere materielle Verluste erleidet.

**17. . . .Tc8 18.f5 ef**

Hartnäckiger dürfte 18. . . .Dd6 19. fe fe sein.

**19.Tf5: Dd6**

Auch 19. . . .Tc7 20.Tdf1 würde Schwarz keine Rettung bieten, z. B. 20. . . .Sb6 21.Dh4 Sbd5 22.Sf7: Tf7: 23.Ld5: Sd5: 24.Tf7: Lg5: 25. Dg5:! oder 20. . . .a6 21.Sf7: Tf7: 22.Ld5: Sd5: 23.Tf7: Lg5: 24.De6! (Analyse von M. Botwinnik und W. Panow).

Diagramm Nr. 28

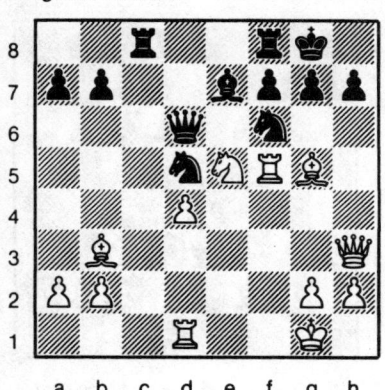

20.Sf7:! Tf7: 21.Lf6: Lf6:
Falls 21. . . .Sf6:, so 22.Tf6: Lf6:
23.Dc8:†.
22.Td5: Dc6 23.Td6 De8 24.Td7,
Schwarz gab auf.

Ein weiteres Beispiel zum selben
Thema:

Nimzowitsch-Verteidigung

*Botwinnik – Tolusch*

Moskau 1965

1.c4 Sf6 2.Sc3 e6 3.d4 Lb4 4.e3 c5
5.Se2 d5 6.a3 Lc3:† 7.Sc3: cd 8.ed
dc 9.Lc4: Sc6
Die vorliegende Stellung mit dem
weißen Bd4 als zentralisiertem Isolani ist in der gegenwärtigen Turnierpraxis recht populär. Weiß darf sich
einer gewissen Initiative erfreuen.
10.Le3 0-0 11.0-0 b6 12.Dd3 Lb7
13.Tad1 Se7?!
Besser ist 13. . . .h6, den unange-

nehmen Springerausfall Lg5 verhindernd, z. B. 14.f3 Se7 15.Lf2 Sfd5
16.La2 Sf4 17.Dd2, und das weiße
Spiel ist nur etwas besser, Kortschnoi — Karpow, Baguio 1978.
14.Lg5 Sg6

Diagramm Nr. 29

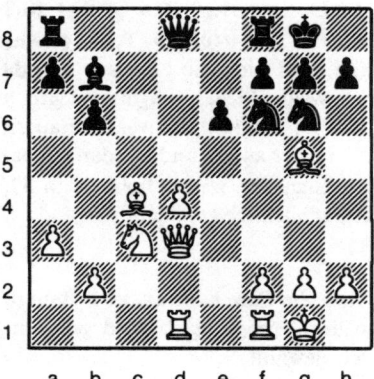

15.f4!
Diesen typischen Zug, mit dem Weiß
seinen Tf1 »ins Geschäft steckt«,
haben wir bereits in der Partie Botwinnik — Vidmar beobachtet. An
diesem Beispiel kann man sich über-
zeugen, wie wichtig das Erlernen von
Standardstellungen und -zügen im
Mittelspiel ist.
15. . . .h6 16.f5! ef 17.Lf6: Df6: 18.
Tf5: Sf4?
Laut Botwinnik wäre 18. . . .Dc6
zäher gewesen, obwohl Weiß auch
nach 19.Td2 überlegen stünde.
19.Tf6: Sd3: 20.Tf7:! Sb2:
Nach 20. . . .Tf7: 21.Td3: verbliebe
Weiß im Besitz eines Mehrbauern.
21.Tf8:† Kf8: 22.Tf1† Ke8 23.Le6
Td8 24.d5

Obwohl sich das Spiel vereinfacht hat, steht Weiß sehr aktiv, so daß der Nachziehende sich kaum zu retten vermag.

**24. . . .Lc8 25.Tf7 Le6: 26.de Td6 27.Tg7: Te6: 28.Ta7: Sd3 29.h3 Sf4 30.Ta4 Se2† 31.Se2: Te2: 32.Ta7 Kf8 33.Tb7 Te6 34.Kf2 Tf6† 35.Kg3 Tg6† 36.Kf3 Kg8 37.g3 Tc6 38.Kg4 Kh8 39.Kf5 Tc5† 40.Kg6 Tc6† 41.Kh5 Kg8,** und hier gab Schwarz auf, da der weiße Siegesplan offensichtlich ist: Erst besetzen die weißen Bauern die Felder a4, g4 und h4, danach begibt sich der weiße Turm nach a7, und schließlich geschieht Ta6 und a5.

Auch die Einschaltung des h-Bauern in den Königsangriff wird gelegentlich gewählt.

### Nimzowitsch-Verteidigung

*Georgadse – Makarytschew*

UdSSR 1980/81

**1.d4 Sf6 2.c4 e6 3.Sc3 Lb4 4.e3 0-0 5.Ld3 d5 6.Sf3 c5 7.0-0 cd 8.ed dc 9.Lc4: b6 10.Te1 Lb7 11.Ld3 Sc6 12.a3 Le7 13.Lc2 Te8 14.Dd3 g6**

(siehe Diagramm Nr. 30)

**15.h4!**
Mit dem Randbauernzug beabsichtigt Weiß, die gegnerische Königsstellung zu schwächen.
**15. . . .Tc8 16.Lg5 Sd5 17.Tad1 Lg5: 18.Sg5: Sc3: 19.bc Sa5 20.Dh3! Df6 21.Td3**
Genauer dürfte 21.Te3! sein.

Diagramm Nr. 30

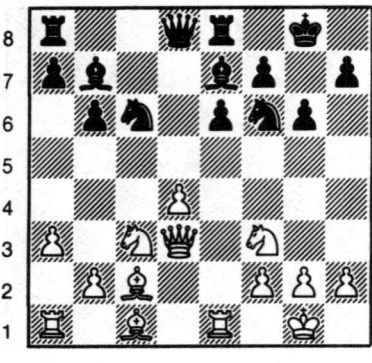

Im allgemeinen ist die Überführung des Turms auf den Königsflügel über die dritte Linie ein Standardverfahren, das für die vorliegende Stellung kennzeichnend ist.
**21. . . .h6 22.Se4 Le4: 23.Te4: Df5 24.De3 Sc4 25.De2 Sa3:**
Zwar hat Schwarz einen Mehrbauern gewonnen, aber die weiße Initiative am Königsflügel ist sehr gefährlich.
**26.Tf3 Dh5?**
Richtig war 26. . . .Dd5, so daß 27. La4 b5 28.Te5 Dc4 29.Lb5: Sb5: 30.Dc4: Tc4: 31.Tb5: einen Chancenausgleich ergeben hätte (Analyse von T. Georgadse).
**27.Te5! Dh4:**
Bei 27. . . .Dg4 würde 28.Lg6: fg 29.Tf8† geschehen.
**28.Lg6:! fg 29.Te6: Tf8 30.Tg6:† Kh7 31.Te6! Tf3: 32.Df3: Tg8 33.Df7† Tg7**
Keine Rettung bietet 33. . . .Kh8 34.Te7 Tg2:† 35.Kg2: Dg4† 36.Kf1 Dd1† 37.Te1.

**34.Df5† Kh8 35.Te8† Tg8 36.De5†
Kh7 37.Te7†**, Schwarz gab auf.

In der nächsten Partie ist es der
Nachziehende gewesen, der den Angriff am Königsflügel energisch und
zielstrebig ausgeführt hat. Trotz
materiellen Übergewichtes konnte
Weiß dem »Sturm und Drang« der
schwarzen Steine nicht standhalten.

**Damengambit**

*Poltoranow – Estrin*

Leningrad 1953

**1.c4 e6 2.Sc3 d5 3.d4 Sf6 4.e3 c5
5.Sf3 Sc6 6.Le2 a6**
Ein nützlicher Zug; Weiß sollte sich
mit der Isolierung des schwarzen d-
Bauern nicht allzusehr beeilen, weil
die Postierung des Randbauern auf
dem Punkt a6 dem Nachziehenden
zugute kommt.
**7.cd ed 8.dc Lc5: 9.0-0 0-0 10.b3 Lg4
11.Lb2 La7 12.h3 Lh5 13.Sd4 Lg6**
(siehe Diagramm Nr. 31)

Um den Beschützer des weißen Königs, den Läufer e2, auf den Damenflügel zu locken, hat sich der Nachziehende dieses feine Bauernopfer
ausgedacht. Nicht schlecht wäre
auch das herkömmliche Manöver
13. . . .Ld4:! 14.Lh5: Le5 und weiter
d5-d4 gewesen.
**14.Sc6: bc 15.La6: Dd6 16.Le2 Tfe8
17.Dd2 h5 18.h4 Se4 19.Se4: Te4:
20.Lf3 20.g3 Te3:! 20. . . .Th4: 21.
g3 Le4 22.Kg2 De6 23.Le4: Dh3†
24.Kf3 Dg4† 25.Kg2 de 26.f3 Dh3†**

Diagramm Nr. 31

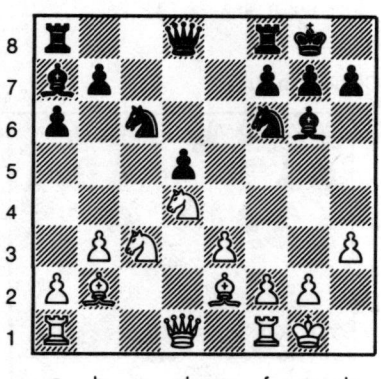

**27.Kf2 Dh2† 28.Ke1 Dg3:† 29.Df2
Df2:† 30.Tf2: Le3: 31.Tg2 ef**, Weiß
gab auf.

Interessant und lehrreich ist die
nächste Partie. Dort hat Weiß zuerst die schwarze Königsstellung
geschwächt, danach das Spiel auf
den Damenflügel verlegt und sich
schließlich — sobald die schwarzen
Figuren auf den Damenflügel übergegangen sind — wieder auf den gegnerischen Königsflügel gestürzt.
Ein derartiges »Rütteln« an der
Stellung der passiveren Seite gehört
zum modernen Schach, weshalb
jeder, der seine Spielweise vervoll-
kommnen möchte, dieses Verfahren
beherrschen muß.

**Damengambit**

*Timman – Panno*

Mar del Plata 1982

**1.d4 d5 2.c4 dc 3.Sc3 e5 4.e3 ed 5.**

ed Sf6 6.Lc4: Le7 7.Sf3 0-0 8.h3
Sbd7 9.0-0 Sb6 10.Lb3 c6

Diagramm Nr. 32

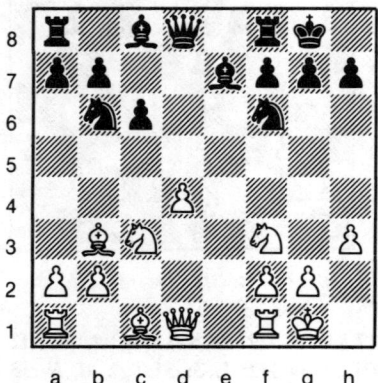

Im Unterschied zu den bereits unter-
suchten Stellungen befindet sich
hier der schwarze Bauer nicht auf e6,
sondern auf c6. Daher hat der Nachziehende keine Schwierigkeiten mit
der Entwicklung seines weißfeldrigen Läufers.

Vor 10 — 15 Jahren hätten Experten
in der entstandenen Stellung mit
dem Bd4 als Isolani eher Schwarz
den Vorzug geben. Inzwischen ist es
gelungen, für Weiß aussichtsreichere
Wege zu entdecken (zu diesem Thema gehört auch der Text der Partie
Rasuwaew — Bagirow, den wir an-
schließend bringen).

11.Te1 Sfd5 12.Se4 Te8 13.Ld2 Lf5
14.Sg3 Le6 15.Lc2 Sd7 16.a3 Sf8
17.Ld3 g6
Zu beachten wäre 17. . . .f6 nebst
18. . . .Lf7.
18.Lh6 Sf6 19.Dd2 Ld5 20.Se5 Se6

21.Lc2 Sd7 22.Sg4 Lg5 23.Lg5:
Dg5: 24.Db4
Nachdem Weiß die schwarze Stellung am Königsflügel geschwächt
hat, richten sich die weiteren Handlungen des Anziehenden gegen den
Bb7.
24. . . .Sf6 25.Te5 Dh4 26.Sf6:† Df6:
27.Se4 Dd8 28.Lb3! a5 29.Dc3 Lb3:
30.Db3: Dd4: 31.Sf6† Kh8 32.Tae1
Teb8
Da sich die schwarzen Figuren weit
vom Königsflügel entfernt haben und
somit die Felder in unmittelbarer
Nähe des schwarzen Königs schwach
sind, ist der passende Augenblick für
den entscheidenden weißen Sturm
gekommen.
33.Tde4 Dd8

Diagramm Nr. 33

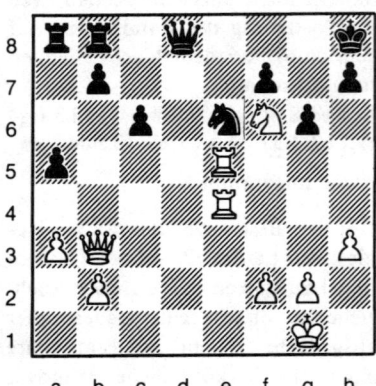

34.Te6:! fe 35.Dc3 De7 36.Sh5† Kg8
37.Te6: Df7 38.Sf6† Kf8 39.Dc5†
Kg7 40.Te7 Kf6: 41.De5 #

Manchmal setzt Weiß beim Königsangriff nicht nur den f- oder den h-Bauern, sondern auch den g-Bauern ein, wofür die folgende Partie ein Beispiel liefert.

Damengambit

*Rasuwaew – Bagirow*

Jaroslawl 1982

**1.d4 d5 2.c4 dc 3.e3 e5 4.Lc4: ed 5. ed Sf6 6.Sf3 Le7 7.0-0 0-0 8.h3 Sbd7 9.Sc3 Sb6 10.Lb3 Sbd5 11.Te1 c6 12.Lg5 Le6 13.Se5**
Über die Eigenart der Stellung, wie sie hier vorliegt, war schon im Kommentar zur vorangegangenen Partie Timman — Panno die Rede.
Dazu könnte man hinzufügen, daß die Abwesenheit des schwarzen Bauern auf dem Punkt e6 dem Anziehenden die Ausführung des Königsangriffs erleichtert.
**13. . . .Sc7 14.Lc2 Te8**
Zum entscheidenden Angriff kommt Weiß nach 14. . . .Sfd5? 15.Dh5 g6 16.Sg6: fg 17.Lg6: hg 18.Dg6:† Kh8 19.Sd5: Lg5: 20.Sc7: Dc7: 21.Dg5: (hingewiesen von B. Slotnik).
**15.Dd3 g6 16.Df3 Sfd5 17.Le7: De7: 18.Dg3 Tad8 19.Tad1 Sf6**

(siehe Diagramm Nr. 34)

**20.f4!**
Damit setzt Weiß zur Bauernoffensive am Königsflügel an.
**20. . . .Sh5 21.Df2 f5 22.g4! Sg7 23.gf gf 24.Kh2 Kh8 25.Tg1**
Der weiße Angriff ist gefährlich. Es

Diagramm Nr. 34

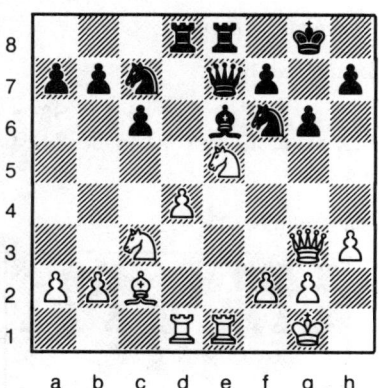

droht 26.Tg5 nebst Dh4 und Sg6†.
**25. . . .Ld5 26.Sd5: cd?**
Der entscheidende Fehler. Richtig war 26. . . .Sd5:, z. B. 27.Tg5 Sf4: 28.Tg7: Dg7: 29.Df4: Tg8 30.Df2 c5! mit Remischancen (Analyse von B. Slotnik).
**27.Tg6! Sce6 28.Tdg1 Tf8 29.Th6 Kg8 30.Lb3 Td6 31.Dg2 Tfd8 32. Ld5:! Td5: 33.Te6: Df8 34.Te8! Te8: 35.Dd5:†,** Schwarz gab auf.

Nicht selten bemüht sich jene Seite, die gegen den Isolani spielt, den Druck auf ihren Königsflügel durch den Abtausch des herausragenden gegnerischen Springers (des weißen auf e5, des schwarzen auf e4) zu lindern. Aber danach wird das Spiel dieser Seite in beträchtlichem Maße vom Bauern — nach dessen Übergang vom Feld d4 auf das Feld e5 bzw. von d5 auf e4 — gehemmt. Dieser Bauer wird fürwahr zur Spitze des Königsangriffs.

Caro-Kann

*Botwinnik – Budo*

Leningrad 1938

1.e4 c6 2.d4 d5 3.ed cd 4.c4 Sf6 5.
Sc3 e6 6.Sf3 Le7 7.Lg5 dc 8.Lc4:
0-0 9.0-0

Diagramm Nr. 35

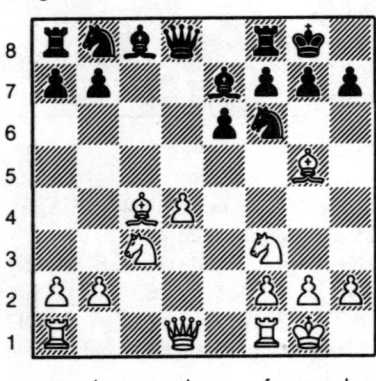

Auf dem Brett ist eine Musterstel-
lung mit zentralisiertem Isolani d4
entstanden. Solche Stellungen pflegt
M. Botwinnik meisterhaft zu behan-
deln.
9. . . .Sbd7 10.De2
Aussichtsreich dürfte auch die Postierung der Dame auf d3 sein.
10. . . .Sb6 11.Lb3 Ld7 12.Tad1 Lc6
13.Se5 Ld5 14.Lc2
Weiß ballt seine Kräfte für den Königsangriff zusammen.
14. . . .Sfd7 15.Lf4 Se5: 16.de
Der Isolani Bd4 ist auf den Punkt e5
übergegangen und hemmt dort das
schwarze Spiel.
16. . . .Lg5 17.Dh5 h6 18.Lg3 Dc7
19.h4 Ld8

Nach 19. . . .g6 wäre für Weiß der
Übergang zum Endspiel mit einem
Mehrbauern möglich gewesen: 20.
Lg6: fg 21.Dg6:† Dg7 22.Dg7:†
Kg7: 23.hg (hingewiesen von M.
Botwinnik).
**20.Td4 Dc5 21.Tg4 f5 22.ef Tf6:
23.Le5 Lc6**

Diagramm Nr. 36

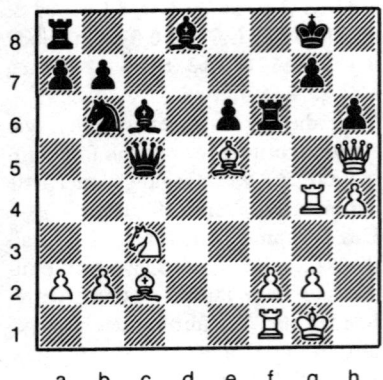

**24.Tg7:†!**
Ein eleganter taktischer Schlag: falls
24. . . .Kg7:, so 25.Lf6:†. Daher gab
Schwarz auf.

Ein weiteres interessantes Beispiel
zu unserem Thema liefert die 48.
Partie des ersten WM-Wettkampfes
Karpow — Kasparow.

Russische Partie

*Kasparow – Karpow*

Moskau 1984/85

1.e4 e5 2.Sf3 Sf6 3.Se5: d6 4.Sf3

**Se4: 5.d4 d5 6.Ld3 Sc6 7.0-0 Le7 8.c4 Sf6 9.Sc3 0-0 10.h3**

Diagramm Nr. 37

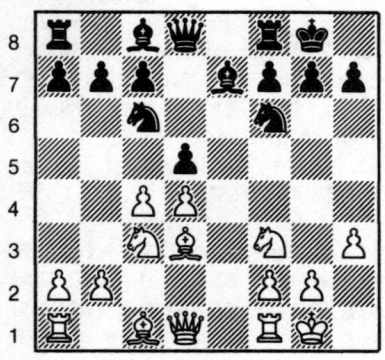

Weiß kommt der Fesselung seines Springers zuvor, daher muß sich Schwarz Gedanken über die Vollendung seiner Entwicklung machen. In diesem Zusammenhang dürfte nach 7.0-0 die Erwiderung 7. . . . Lg4!? beachtenswert sein, weil 8.c4 Sf6 9.Sc3 Lf3: 10.Df3: Sd4: 11. Te1† Le7 12.Dd1 Se6 zum Chancenausgleich führt, Kasparow — Karpow, Moskau 1985.

**10. . . .dc 11.Lc4:**
Die entstandene Stellung unterscheidet sich von jenen, welche wir im Angenommenen Damengambit beobachtet haben. Dort diente der schwarze Bauer e6 als zusätzliche Bremse auf dem Weg des Bauern d4, während der Nachziehende Zeit für den Umbau, d. h. für Sc6-b4-d5 und c7-c6 verbrauchen muß.

**11. . . .Sa5**
Bei 11. . . .Sb4 wäre 12.Te1 möglich.

**12.Ld3 Le6 13.Te1 Sc6**

Nach 13. . . .c5 14.dc Lc5: 15.Lg5 stünde Weiß — den Isolani losgeworden —, dank seines Entwicklungsvorsprungs überlegen.

**14.a3**
Ebenfalls ein bekannter Zug, mit dem Weiß einen eventuellen schwarzen Springerausfall auf b4 vereitelt.

**14. . . .a6 15.Lf4 Dd7**
Bei 15. . . .Sd5 wäre 16.Lg3 nicht schlecht.

Diagramm Nr. 38

**16.Se5!**
Damit zwingt Weiß den Rivalen, den Springer e5 zu nehmen, wonach der Bauer d4 seinerseits den schwarzen Springer e5 schlägt. Hier soll er zur Spitze des weißen Angriffs werden.

**16. . . .Se5: 17.de Sd5 18.Sd5: Ld5: 19.Dc2 g6**
Bei 19. . . .h6 geschieht 20.Tac1 c6 21.Te3, wonach die Verteidigung des Königsflügels für Schwarz zum Problem wird (Analyse von A. Jussupow).

**20.Tad1 c6?!**

Mehr Sicherheit würde 20. . . .Dc6 bieten, das etwas schlechtere Endspiel nach 21.Dc6: Lc6: 22.Lc4 in Kauf nehmend (Analyse von M. Taimanow).

**21.Lh6 Tfd8 22.e6! fe 23.Lg6: Lf8 24.Lf8: Tf8: 25.Le4 Tf7 26.Te3** Dem schwarzen König fehlt der Bauernschild. Die weißen Schwerfiguren begeben sich auf ihre Ausgangspunkte für den Königsangriff. **26. . . .Tg7 27.Tdd3! Taf8 28.Tg3! Kh8 29.Dc3 Tf7**

Diagramm Nr. 39

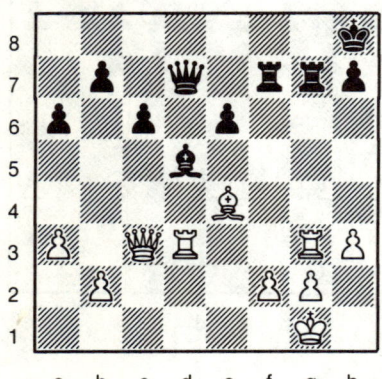

**30.Tde3!** Der schwache Bauer e6 ist ein gutes Angriffsziel. **30. . . .Kg8 31.De5 Dc7 32.Tg7:† Tg7: 33.Ld5: De5: 34.Le6:† De6: 35.Te6:** Für Weiß, der zu zwei Freibauern am Königsflügel kommen wird, ist das entstandene Endspiel so gut wie gewonnen. **35. . . .Td7 36.b4 Kf7 37.Te3 Td1† 38.Kh2 Tc1 39.g4 b5 40.f4 c5 41.bc**

Tc5: **42.Td3! Ke7 43.Kg3 a5 44.Kf3 b4 45.ab ab 46.Ke4 Tb5 47.Tb3 Tb8 48.Kd5 Kf6 49.Kc5 Te8 50.Tb4: Te3 51.h4 Th3 52.h5 Th4 53.f5?!** Mit 53.g5† Kf5 54.h6 hätte Weiß sein Ziel eher erreicht, z. B. 54. . . . Th1 55.Kd6 Te1 56.Tb8! Kf4: 57. g6 hg 58.h7 Th1 59.h8D Th8: 60. Th8: g5 61.Kd5. **53. . . .Th1 54.Kd5 Td1† 55.Td4 Te1 56.Kd6 Te8?!** Zäher war 56. . . .Tg1!. **57.Kd7 Tg8 58.h6 Kf7 59.Tc4 Kf6 60.Te4 Kf7 61.Kd6 Kf6 62.Te6† Kf7 63.Te7† Kf6 64.Tg7 Td8† 65. Kc5 Td5† 66.Kc4 Td4† 67.Kc3,** Schwarz gab auf.

Die nächste, vielseitige Partie ist für unser Thema weniger kennzeichnend. Sie enthält etliche begleitende Momente: Spiel auf schwachen Feldern, offene Linie usw. Was ihr jedoch Aufmerksamkeit verleiht, ist der Umstand, daß in ihr latente dynamische Reserven der Isolani-Position zutage treten. Es darf nicht vergessen werden, daß ein zentralisierter Isolani zu den dynamischen Faktoren gehört.

Damengambit

*Karpow – Geller*

Moskau 1981

**1.d4 d5 2.c4 e6 3.Sc3 Le7 4.Sf3 Sf6 5.Lg5 h6 6.Lh4 0-0 7.e3 b6 8.Tc1 Lb7 9.Ld3 Sbd7 10.0-0 c5 11.De2 Tc8 12.Lg3 cd** Schwarz sollte 12. . . . .Se4 den Vorzug geben. Nach der Meinung von A. Karpow wäre die Stellung des Nachziehenden nach 13.cd Sg3: 14. hg ed 15.La6 Dc7 durchaus akzeptabel gewesen. Aber Geller strebte danach, im weißen Lager auf d4 einen zentralisierten Isolani zu bilden und zugleich die weißen Bauern am Königsflügel zu zerschlagen. **13.ed dc 14.Lc4: Lf3: 15.gf**

Diagramm Nr. 40

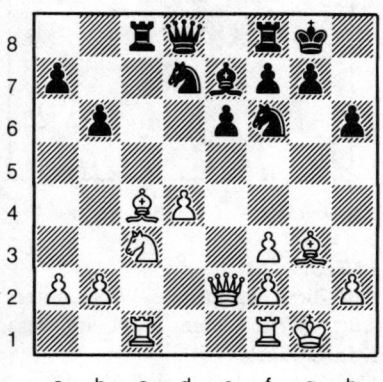

Vom statischen Gesichtspunkt ist die entstandene Stellung für Schwarz günstiger. Aber die Dynamik fällt schwerer ins Gewicht als die Statik. **15. . . .Sh5 16.La6 Sg3:** Dadurch gesteht Schwarz ein, daß sein im 12. Zug gewählter und mit dem Tausch auf f3 verknüpfter Plan sich als fehlerhaft erwiesen hat. Natürlich hegte der Nachziehende nie die Absicht, den gegnerischen Bauernaufbau zu »verbessern«, aber was bleibt ihm sonst noch übrig? Es wäre ja absurd, mit dem Turm auf a8 zurückzukehren.

Weiß darf sich seinerseits vom Qualitätsgewinn 17.Lb7 Tb8 18.Lb8: Db8: mit vortrefflichem schwarzem Spiel nicht verlocken lassen, sein grundsätzliches Ziel muß nach wie vor in der Vorbereitung des Durchbruchs d4-d5 bestehen (mitgeteilt von A. Karpow). **17.hg Tc7 18.Tfd1! Sf6 19.Sb5 Tc1: 20.Tc1: Sd5 21.Sa7:! Sb4 22.a3 Da8** Laut Karpow sind sowohl 22. . . . Sa6: 23.Da6: Dd4: 24.Sc6 als auch 23. . . .Lf6 24.Sc6 Dd5 25.Dd3 schlecht. **23.Tc7 Sd5 24.Tb7 Lf6 25.Sc6 Tc8 26.Se5** Der weiße Springer besetzt das ihm vorgeschriebene Feld. Da er dem Nachziehenden dort nicht von den Fersen gehen würde, beschließt dieser, den unangenehmen weißen Springer abzutauschen. Doch dessen Rolle übernimmt dann der weiße Bauer e5. **26. . . .Le5 27.de Tc1† 28.Kg2 Dd8 29.Ld3 Ta1 30.De4 g6**

Diagramm Nr. 41

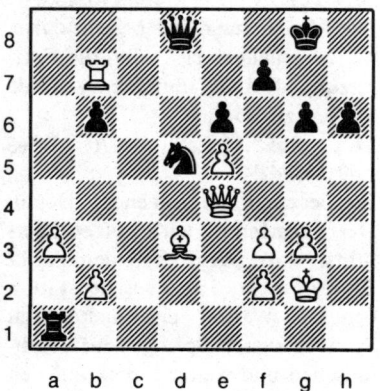

**31.Tf7:!**
Weiß zerstört auf dem Kombinationswege die schwarzen Verteidigungsanlagen. Wir empfehlen dem Leser, sich diese Kombination zu merken.
**31. . . .Kf7: 32.Dg6:† Kf8 33.Dh6:†**
Angesichts des unausbleiblichen 33.
**. . .Ke8 34.Lb5† Kf7 35.Dh7† Kf8 36.Dh8† Ke7 37.Dg7** gab Schwarz auf.

Ein interessantes Bild liefert die nächste Partie: Dank des Drucks, den Weiß am Königsflügel ausübt, kann der Anziehende seine Hebel auch im Zentrum und am Damenflügel in Bewegung setzen.

Damengambit

*Botwinnik – Petrosjan*

Moskau 1963

**1.d4 d5 2.c4 dc 3.Sf3 Sf6 4.e3 c5 5.Lc4: e6 6.0-0 a6 7.a4 Sc6 8.De2 cd 9.Td1 Le7 10.ed 0-0 11.Lg5**
Die Idee dieses Zuges besteht darin, bei eventuellem 11. . . .b6 die Fortsetzung 12.Lf6: und weiter 13.d5 wählen zu können.
**11. . . .Sd5 12.Le7: Sce7: 13.Se5 Ld7 14.Sd2!**
Zu beachten ist folgendes Detail: Der Springer b1 wird auf e4 überführt, wozu Weiß eben den Punkt d2, aber nicht c3 als Zwischenstation benützt. Warum eigentlich? Weil Schwarz diesen Springer auf c3 abtauschen und weiter Druck auf den

schwachen weißen Bauern c3 ausüben kann.
**14. . . .Lc6 15.Se4 Sf4 16.Df3 Le4: 17.De4: Sfd5**

Diagramm Nr. 42

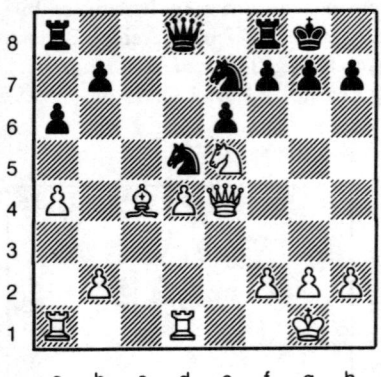

**18.Ta3!**
Auf diese eigenartige Weise unterstützt Weiß seinen Turm auf dem Königsflügel.
**18. . . .Tc8 19.Th3! Sg6 20.Ld5:**
Alles, was jetzt geschieht, ist bekannt und läßt den Anziehenden ans Ruder kommen.
**20. . . .ed**
Nach 20. . . .Dd5: 21.Dd5: ed 22. Sd7 Tfe8 23.Tb3 Tc7 24.Sc5 wäre der weiße Vorteil im Endspiel offensichtlich gewesen.
**21.Df5 Dd6 22.Tb3**
Nachdem Weiß die gegnerischen Kräfte am Königsflügel gefesselt hat, knüpft er aktives Spiel am Damenflügel an.
**22. . . .Tc7 23.g3 b6 24.Te1 Se7 25.Df4 Tc2 26.Sd3! Dd8**
Nach dem Damentausch würde

Schwarz auf ernste Schwierigkeiten
stoßen: 26. . . .Df4: 27.Sf4: Sc6
28.Tb6: Sd4: 29.Te7.
**27.Dg5 Sc8!**
Nach 27. . . .f6 28.De3 Sc6 29.Sf4
oder 27. . . .Sc6 28.Dd8: Td8: 29.
Tb6: Sd4: 30.Te7 stünde Weiß auf
Gewinn.
**28.Dd8:?!**
Jetzt vereinfacht sich das Spiel,
und Schwarz hält letzten Endes das
Gleichgewicht. Bei 28.De5! wäre der
weiße Druck nach wie vor stark
gewesen.
**28. . . .Td8: 29.a5 ba 30.Tb8 Tf8
31.Ta1 Se7 32.Tf8:† Kf8: 33.Ta5:
Td2 34.Ta6: Td3: 35.Ta8† Sc8**, Remis.

Ein weiteres interessantes Beispiel
aus demselben WM-Wettkampf.

Damengambit

*Petrosjan – Botwinnik*

Moskau 1963

**1.c4 c5 2.Sf3 Sf6 3.Sc3 e6 4.e3 d5
5.d4 Sc6 6.cd ed 7.Lb5 Ld6 8.dc
Lc5: 9.0-0 0-0 10.b3 Le6 11.Lb2
De7 12.Se2**
Weiß, der den Punkt d4 unter sicherer Kontrolle hat, beabsichtigt, mit
aktivem Spiel am Königsflügel fort-
zufahren.
**12. . . .Tac8 13.a3 Tfd8 14.Sed4 Lg4**

(siehe Diagramm Nr. 43)

Man beachte die Eigenart der Situation: Weiß verfügt zwar über den

Diagramm Nr. 43

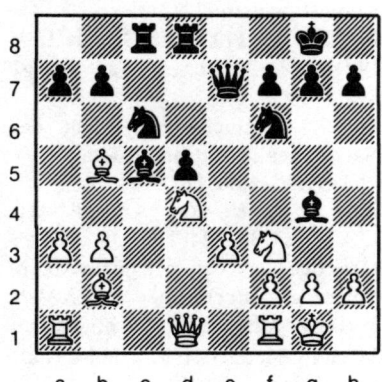

starken Stützpunkt d4, aber die
schwarzen Figuren sind dynami-
scher angeordnet.
**15.Le2 Se4 16.Dd3**
Einen natürlicheren Eindruck macht
16.Sc6: bc 17.b4 Ld6 18.Sd4.
**16. . . .Ld6 17.g3 Sc5 18.Db1 Se4
19.Dd3 Sc5 20.Dd1**
Jetzt verzichtet Weiß auf 20.Db1
wegen 20. . . .De4! und weiter entweder mit 21.Te1 Sd4: 22.Sd4: Le2:
23.Te2: Sd3 oder 21.Dd1 Sd4: 22.
Ld4: Lh3 23.Te1 Se6. M. Taimanow
meint, daß Schwarz hätte De7-e4
schon im 18. Zug wählen sollen und
diese Erwiderung — aller Wahr-
scheinlichkeit — übersah.
**20. . . .Se6 21.Te1 Lc5 22.Sc6: bc
23.b4 Lb6 24.Da4?!**
Der Übergang der Dame auf ihren
Flügel ermöglicht dem Nachziehenden, Druck am Königsflügel zu
schaffen. Besser dürfte 24.Se5 Le2:
25.De2: gewesen sein.
**24. . . .De8! 25.Tad1 f6!**
Auf diese eigenartige Weise macht

Schwarz seiner Dame den Weg zum Königsflügel frei.
**26.Td2 Dh5 27.Dd1 c5 28.Sd4 Le2: 29.De2: De2: 30.Se2: Sg5 31.Kg2 Se4**
Trotz Vereinfachungen bleibt der Nachziehende fest am Ruder.
**32.Td1 cb 33.ab Tc2**
Schwarz spielt auf Angriff. Mit 33. . . .Tc4 34.Ld4 Tb4: 35.Lb6: ab hätte der Nachziehende einen Mehrbauern gewonnen, aber dessen Verwertung wäre nicht leichtgefallen.
**34.Ld4 Ld4: 35.Td4: Tb2 36.h4 Tc8?!**
Eine Ungenauigkeit! Nach 36. . . . Kf7 nebst 37. . . .h5 und 38. . . .g5 könnte der schwarze Druck, verknüpft mit dem Manöver Td8-c8-c2, sehr gefährlich werden (hingewiesen von M. Taimanow).
**37.Td5: Tc2 38.Kf3 Sd2† 39.Kg2 Se4 40.Kf3 Sd2† 41.Kg2**
Hier einigte man sich auf Remis, weil die Fortsetzung 41. . . .Sc4 42. Tc5 a5 43.Kh3! ab 44.Sd4 Tc3 45. Sb5 eine Zugwiederholung ergibt.

Mit einem ungewöhnlichen Angriffsplan am Königsflügel wartete im Semifinale des WM-Kandidatenzweikampfes Ex-Weltmeister W. Smyslow gegen Z. Ribli auf.

Damengambit

*Smyslow – Ribli*

London 1984

**1.d4 Sf6 2.Sf3 e6 3.c4 d5 4.Sc3 c5 5.cd Sd5: 6.e3 Sc6 7.Ld3 Le7 8.0-0 0-0 9.a3**

Schwarz hat auf den frühen Tausch auf d4 verzichtet, was den Übergang zur Stellung mit Tf1-e1 erschwert.
**9. . . .cd 10.ed Lf6 11.Le4 Sce7 12.Se5 g6 13.Lh6 Lg7 14.Lg7:**
Öfter geschieht hier 14.Dd2. Mit dem Zug in der Partie gibt Weiß zu verstehen, daß er einen neuen, interessanten Aufbau im Sinn hat.
**14. . . .Kg7: 15.Tc1! b6 16.Sd5: Sd5: 17.Ld5: Dd5: 18.Tc7!**
Auf den ersten Blick müßte das Eindringen des weißen Turms auf die siebte Reihe als Erfolg gelten. Doch Weiß hat dafür einen viel zu hohen Preis bezahlen müssen: Er gab seinen weißfeldrigen Läufer für einen Springer her und überließ außerdem dem Rivalen vollständig den wichtigen Punkt d5. Zwei Züge später wird Smyslows tiefsinniges Vorhaben deutlich werden.
**18. . . .Lb7 19.Dg4 Tad8 20.Td1 a5 21.h4!**
Jetzt sind die Vorteile der weißen Stellung mit ihrer harmonischen Anordnung der Steine offensichtlich: Im Einsatz sind nicht nur der Tc7 und der Se5, sondern auch die Dame und der h-Bauer. Andererseits erweist sich das schwarze Figurenpaar Dd5 und Lb7 auf der langen Diagonale h1-a8 als kaum wirksam.
**21. . . .Tc8 22.Td7 De4 23.Dg5 Lc6 24.f3!**

(siehe Diagramm Nr. 44)

**24. . . .De2** geht jetzt nicht wegen 25.Sg4! Dd1:† 26.Kh2 Ld7: 27. Df6† Kg8 28.Sh6.

Diagramm Nr. 44

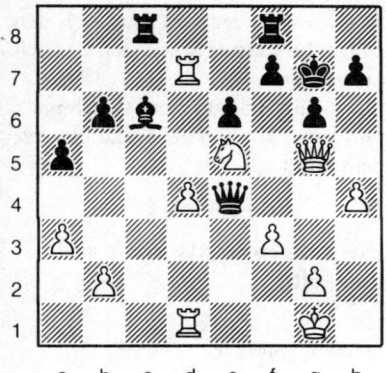

```
 8
 7
 6
 5
 4
 3
 2
 1
   a  b  c  d  e  f  g  h
```

**24. . . .Df5 25.Ta7 La4 26.Te1 Tc2
27.b4 Lb3 28.ba ba 29.Te4!**
Damit wird nicht nur die letzte weiße Figur eingesetzt, sondern auch der Damentausch verhindert, weil der Punkt f7 nach 29. . . .Dg5: 30.hg nebst Te4-f4 nicht mehr zu schützen ist.
**29. . . .h6 30.De3 Tb2 31.Tg4 g5**
Diese erzwungene Schwächung des Bauernschildes vor dem König des Nachziehenden bedeutet praktisch den Zusammenbruch der schwarzen Stellung.
**32.hg h5 33.Tg3 h4 34.Tg4 h3 35.g6 h2† 36.Kh2: Th8† 37.Kg3 Tg2:† 38.Kg2: Dc2† 39.Df2 Th2† 40.Kh2: Df2:† 41.Kh3 Df1† 42.Tg2,** Schwarz gab auf.

## Kapitel 3
## Entfaltung von Initiative am Damenflügel

Bei der Betrachtung der Stellung mit einem Damenbauern als Isolani (Diagramm Nr. 1) fällt dem Beobachter auf, daß der Besitz des Vorpostens auf c5 zu jenem Hebel werden kann, mit dessen Hilfe die aktive Seite auf den gegnerischen Damenflügel Druck ausübt. Um daraus Nutzen ziehen zu können, ist eine von zwei Vorbedingungen notwendig: Entweder muß man über die c-Linie (mit freien Feldern zum Eindringen) verfügen, oder am Damenflügel müssen Angriffsziele vorhanden sein.
Hierfür einige konkrete Beispiele.

Damengambit

*Nimzowitsch – Taubenhaus*

St. Petersburg 1913

**1.d4 d5 2.Sf3 Sf6 3.c4 e6 4.e3 c5 5.Ld3 Sc6 6.0-0 dc 7.Lc4: cd 8.ed Le7 9.Sc3 0-0 10.Le3**
Weiß spielt in der Eröffnung nicht gerade energisch. Heutzutage gilt 10.Lg5 als die aussichtsreichste Fortsetzung.
**10. . . .b6 11.De2 Lb7 12.Tfd1 Sb4 13.Se5 Tc8 14.Tac1 Sbd5 15.Sb5**
Diese Wahl zeugt davon, wie vielseitig die Möglichkeiten des Isolanibesitzers sind. In unserem Beispiel knüpft Weiß, der im Zentrum festen Boden unter den Füßen hat, ein aktives Spiel am Damenflügel an.

15. ...a6 16.Sa7! Ta8 17.Sac6 Dd6
18.Se7:† De7: 19.Ld3! Se3:?!
Dazu bestand keine Notwendigkeit.
Beachtenswert war 19. ...a5 nebst
weiterem Tfc8.
20.fe b5 21.Tc5

Diagramm Nr. 45

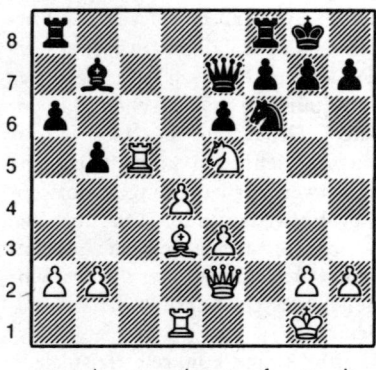

Jetzt kommt Weiß, der den Vorposten c5 besitzt, zum Spiel auf der
c-Linie.
21. ...Tfc8 22.Tdc1 g6 23.a3 Se8
24.b4 Sd6 25.Df2 f5
Der positionelle Vorteil von Weiß
ist offensichtlich.
26.Df4 Se8 27.Le2! Sd6 28.Lf3
Danach ist kein Widerstand auf der
c-Linie möglich.
28. ...Tc5: 29.dc Se8 30.Td1 Sf6
31.c6 Lc8 32.c7 Ta7 33.Td8† Kg7
34.Tc8: Tc7: 35.Sg6:, Schwarz gab
auf.

Manchmal sieht sich der gegen den
Isolani kämpfende Spieler gezwungen, eine Stellung mit symmetri-
schem Bauernaufbau zu akzeptieren.
Dabei bleibt die aktive Seite in der
Regel am Ruder und darf sich den
Flügel für aktives Spiel nach Wunsch
auswählen.
Die Wahl hängt vom Geschmack
und der konkreten Situation auf
dem Brett ab.

Hier ein Beispiel, das schon als klassisch gilt.

Damengambit

*Botwinnik – Aljechin*

Niederlande 1938

1.Sf3 d5 2.d4 Sf6 3.c4 e6 4.Sc3 c5
5.cd Sd5: 6.e3 Sc6 7.Lc4 cd 8.ed
Le7 9.0-0 0-0 10.Te1

Diagramm Nr. 46

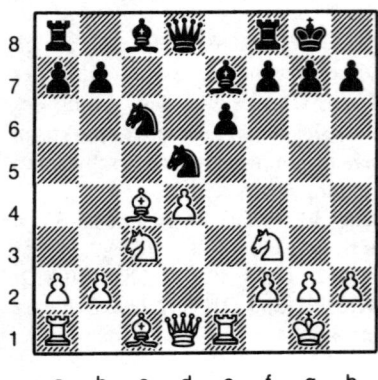

Diese Konstellation kann auch aus
der Panow-Verteidigung im Caro-
Kann entstehen.
10. ...b6?!

Ein ernster positioneller Fehler. Wollte Schwarz den Läufer auf b7 entwickeln, so war 10. . . .Sc3: 11. bc b6 notwendig. Nach dem Zug in der Partie geht Weiß zu einem fixierten Bauernaufbau im Zentrum über, wobei die Postierung des schwarzen Bauern auf d5 die Entwicklung des Läufers auf b7 sinnlos macht. Außerdem sind nach b7-b6 im schwarzen Lager die weißen Felder schwach.

**11.Sd5:! ed 12.Lb5 Ld7**

Keine Erleichterung bietet dem Nachziehenden 12. . . .Lb7 13.Da4 Tc8 14.Lf4, Neukirch — Sliva, Sofia 1957.

**13.Da4 Sb8 14.Lf4 Lb5: 15.Db5: a6 16.Da4 Ld6 17.Ld6: Dd6: 18. Tac1 Ta7**

Diagramm Nr. 47

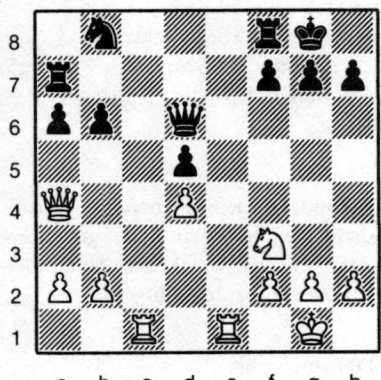

**19.Dc2**

Die c-Linie ist wichtiger als die e-Linie, und zwar deshalb, weil der schwarze König zukünftig vielleicht das Feld e7 schützen kann, während der Punkt c7 verwundbar bleibt (Hinweis von M. Botwinnik).

**19. . . .Te7 20.Te7: De7: 21.Dc7 Dc7: 22.Tc7:**

Die positionelle Überlegenheit des Anziehenden liegt auf der Hand. Er verfügt über die c-Linie, während der schwarze Turm zur Aktivität auf der e-Linie nicht fähig ist.

**22. . . .f6!**

Aljechin beabsichtigt, den weißen Turm von der siebten Reihe zu verdrängen.

**23.Kf1 Tf7 24.Tc8† Tf8 25.Tc3!**

Ob Schwarz jetzt 25. . . .Sd7, 25. . . .Te8 oder 25. . . .Kf7 wählt, ist für den weißen Turm belanglos, er kehrt im beliebigen Fall mit Vorteil auf die siebte Reihe zurück. Daher sieht sich der Nachziehende gezwungen, seine g- und h-Bauern vorzuschieben. Dadurch wird der schwarze Bauernaufbau geschwächt, bietet doch die schwarze »Infanterie« ihrem König keinen Schutz mehr (Hinweis von M. Botwinnik).

**25. . . .g5 26.Se1 h5**

Auch bei 26. . . .h6 27.Sc2 Kf7 28.Se3 Ke6 29.g4 stünde Weiß nach wie vor klar überlegen.

**27.h4! Sd7**

Die Fortsetzungen 27. . . .gh 28.Sf3 oder 27. . . .Kf7 28.Sf3 g4 29.Se1 Ke6 30.Sd3 Kf5 31.g3 Ke4 32.Sf4 versetzen den Nachziehenden in eine kritische Lage (Hinweis von M. Botwinnik).

**28.Tc7 Tf7 29.Sf3 g4 30.Se1 f5 31. Sd3 f4 32. f3 gf 33.gf a5 34. a4 Kf8 35.Tc6 Ke7 36.Kf2 Tf5 37.b3 Kd8 38.Ke2 Sb8 39.Tg6**

Bei 39.Tb6: Kc7 nebst 40. . . .Sc6

hätte Schwarz um den Preis eines Bauern seine Stellung verbessert.
**39. . . .Kc7 40.Se5 Sa6 41.Tg7† Kc8 42.Sc6 Tf6 43.Se7† Kb8 44.Sd5: Td6 45.Tg5 Sb4**
Im Turmendspiel hat Schwarz nicht die geringste Rettungschance.
**46.Sb4: ab 47.Th5: Tc6**
Oder **47. . . .Td4: 48.Tf5!.**
**48.Tb5 Kc7 49.Tb4: Th6 50.Tb5 Th4: 51.Kd3,** Schwarz gab auf.

Noch ein Beispiel aus der Praxis von Michail Botwinnik.

Caro-Kann

*Botwinnik – Chawin*

Moskau 1944

**1.e4 c6 2.d4 d5 3.ed cd 4.c4 Sf6 5.Sc3 e6 6.Sf3 Le7 7.cd Sd5:**
Auf dem Brett ist eine zum Damengambit gehörende Stellung entstanden.
**8.Lc4 Sc6 9.0-0 a6 10.Te1 b5**

(siehe Diagramm Nr. 48)

**11.Ld5:! ed 12.Lg5 0-0 13.Le7: Se7:**
Jetzt tritt die Schwäche des Feldes c5 deutlich zutage.
**14.Sd2 Ta7 15.Sb3 Tc7 16.Dd2 Tc6 17.Se2 Sf5 18.Tac1 Th6 19.Df4 Sd6 20.Sc5 Th4 21.Df3 Sf5 22.Tcd1 Te8 23.Sg3!**
Schlecht ist **23. . . .Sd4:** wegen **24. Dd5:!.** Dieser Umstand ermöglicht es dem Anziehenden, sich völlig der Initiative zu bemächtigen.
**23. . . .Te1:† 24.Te1: Se7**

Diagramm Nr. 48

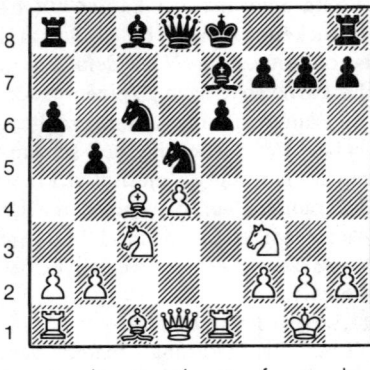

Nach **24. . . .Sg3:** 25.hg ginge 25. . . .Td4: nicht wegen 26.De3. M. Botwinnik hält in der gegebenen Lage **24. . . .g6** für die beste schwarze Erwiderung.
**25.h3 Kf8 26.De3 Sc6 27.Sb3 De7 28.Dc1 Dd6 29.Sa5**
Jetzt ist Schwarz schutzlos.
**29. . . .Ld7 30.Sc6: Dc6: 31.Dg5 Th6 32.De7†,** Schwarz gab auf.

Besonderes Kopfzerbrechen verursacht der passiven Seite gleichzeitiges aktives Spiel des Isolanibesitzers auf beiden Flügeln.

Damengambit

*Gligoric – Portisch*

Pula 1971

**1.d4 d5 2.c4 dc 3.Sf3 Sf6 4.e3 e6 5.Lc4 c5 6.0-0 a6 7.a4 Sc6 8.De2 cd 9.Td1 Le7 10.ed 0-0 11.Sc3**

Diese Stellung ist in unserer Abhandlung schon mehrmals beobachtet und behandelt worden.

**11. . . .Sd5**
Die Erwiderung 11. . . .Sb4 wird im Kommentar zur Partie Botwinnik — Petrosjan, Moskau 1963, besprochen.

**12.Ld3!**
Jetzt, nachdem sich die Situation im Zentrum entspannt hat, richtet Weiß seinen Blick auf den durch den Wegzug des Springers vom Punkt f6 geschwächten gegnerischen Königsflügel.

**12. . . .Scb4 13.Lb1 b6**

Diagramm Nr. 49

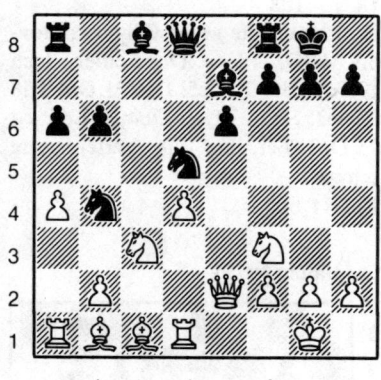

**14.a5!**
Das ist geschmeidiger als 14.Se5 Lb7 15.Ta3 Tc8! aus einer anderen Partie derselben Rivalen, ebenfalls 1971 in Pula ausgetragen. Weiß beginnt unverzüglich den Kampf um den Stützpunkt c5. Dabei bewahrt er die Möglichkeiten Se5 oder das bedrohliche Sc3-e4-g5.

**14. . . .Ld7 15.Se5 ba 16.Ta3! f5**
Es drohte 17.Sd5: und 18.Lh7:†!.
**17.Sd5: Sd5: 18.Sd7: Dd7: 19.Ta5:**
Die Schwäche des Bauern a6 und des Bauern e6 verursacht dem Nachziehenden Schwierigkeiten.
**19. . . .Sc7 20.La2 Ld6 21.Lc4 Kh8 22.Df3 Lb4 23.Ta1 a5 24.Lf4 Sd5 25.Le5 Tfc8 26.De2 Db7 27.h3 Tc6 28.Tac1 Tac8 29.Ld5:**
Ein bekannter Trick. Weiß erlangt ein vorteilhaftes Endspiel.
**29. . . .ed 30.Tc6: Dc6: 31.Td3! Dd7 32.Tg3 Lf8 33.b3! Ta8**
Bei 33. . . .a4 geschieht 34.ba Da4: 35.Dh5 Dd7 36.Dg5.
**34.Dc2 Tc8 35.Dd2 Ta8 36.Dg5 Kg8 37.Tf3**
Dadurch erzwingt Weiß eine weitere Schwächung des gegnerischen Königsflügels.
**37. . . .g6 38.Tc3 Dd8 39.Dc1 Ld6 40.Df4 Le5: 41.De5:**
Das weiße Übergewicht ist eindeutig.
**41. . . .Ta7 42.Tc5 Te7**
Keine Rettung bringt 42. . . .Td7 43.Tb5 Kf7 44.Tb8 De7 45.Dh8.
**43.Td5: Dc7 44.Dc7: Tc7: 45.Ta5: Tb7 46.Ta3 Tb4 47.d5?!**
Eine Ungenauigkeit. Stärker war 47.Kf1.
**47. . . .Kg7 48.Kf1 Kf6 49.Ke2 Ke5 50.Kd3 Kd5: 51.Kc3 Te4 52.Ta4 Te2 53.Td4† Kc5 54.b4† Kb5 55.Td5† Kc6 56.Td2 Te1 57.f3! Tg1 58.Kd4 Te1 59.Tc2† Kb6 60.Kd5 Te3 61. Tc6† Kb5 62.Tc7 h5 63.Tb7† Ka4 64.Kc4 Ka3 65.Ta7† Kb2 66.Tg7,**
Schwarz gab auf.

Ein interessantes Beispiel liefert der folgende WM-Zweikampf.

Damengambit

*Kasparow – Karpow*

Moskau 1985

1.d4 d5 2.c4 e6 3.Sc3 Le7 4.Sf3 Sf6 5.Lg5 h6 6.Lf6: Lf6: 7.e3 0-0 8.Tc1 c6 9.Ld3 Sd7 10.0-0 dc 11.Lc4: e5

Diagramm Nr. 50

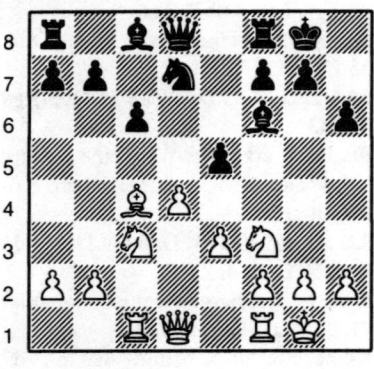

Die vorliegende Stellung kam in der Wettkampfpraxis mehrmals vor, wobei hier auch Wege bekannt sind, mit denen Schwarz die Chancen ausgleicht:
a) 12.Se4 ed 13.Sf6:† Sf6: 14.Sd4: De7 15.Db3 Lg4 16.f3 c5 17.Se2 Ld7 18.a4 De8 19.Ta1 Tb8 20.e4 b5 21.ab Lb5: 22.Ta7: Lc4: 23.Dc4: Tb2:, Waganjan — Ivkov, Sotschi 1980;
b) 12.Lb3 ed 13.ed Te8 14.h3 Sf8! 15.d5 Ld7 16.Te1 Te1:† 17.De1: cd 18.Td1 Lc3: 19.Dc3: Le6 20.Ld5:

Tc8 21.Db3 mit Remis, Ribli — Karpow, London 1984.

**12.h3!**

Jetzt ist Schwarz gezwungen, zu einer Variante überzugehen, die für ihn als nachteilig gilt.

12. . . .ed 13.ed Sb6 14.Lb3 Te8 15.Te1 Lf5 16.Te8:† De8: 17.Dd2 Dd7 18.Te1

Obwohl Schwarz mit seinen Entwicklungsproblemen fertiggeworden ist, geben wir der weißen Stellung den Vorzug, und zwar aus dem Grunde, da der Anziehende auf der Diagonale a2-g8 und auf der e-Linie Druck ausüben kann. Außerdem sind für ihn die aktiven Ausfälle Df4 und Se5 möglich.

18. . . .Td8

Hansen wählte gegen Gligoric, Plovdiv 1983, 18. . . .Dd6, aber nach 19.Se5 Le5: 20.Te5: Lg6 21.Df4 Td8 22.Se2! Sd5 23.Dg3 Db4 24.Ld5: cd 25.Dc3 fiel ihm die Verteidigung schwer.

**19.Df4 Sd5**

Diagramm Nr. 51

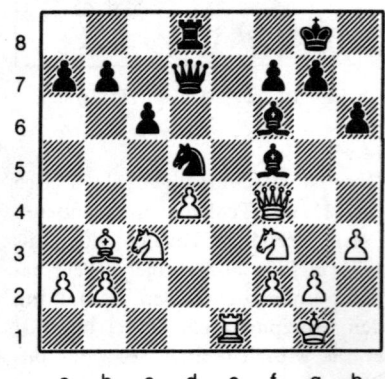

Schwarz ist bestrebt, seine Lage durch Tausche zu erleichtern, und geht zu einer Stellung mit fixiertem Bauernaufbau über. In der Partie Gawrikow — Beljawski, Minsk 1983, stand Weiß nach 19. . . .Lg6 20.Dg3 Lh5 21.Se4 Ld4: 22.Sd4: Dd4: 23. Dh4 Lg6 24.Td1 überlegen.
**20.Sd5: cd 21.Se5 Le5: 22.Te5: Le6**
Bei vollständiger Bauernsymmetrie und der geringen Zahl der auf dem Brett verbliebenen Kampfmittel ist Weiß eindeutig der Vorzug zu geben: Seine Figuren genießen Manövrierfreiheit und können für aktive Handlungen in beliebigen Brettabschnitten eingesetzt werden, während die Notwendigkeit, den Bd5 zu schützen, Schwarz an »Händen und Füßen« fesselt, weshalb ihm nichts außer passiver Defensive übrigbleibt.
**23.De3 Kf8 24.Dd3 f6 25.Te1 Lf7 26.Dc3 Dd6 27.Tc1 Le8 28.Ld1 a6 29.Lf3 g6 30.h4 h5 31.g3**
Bei 31.Dc7 wehrt sich Schwarz mit 31. . . .Td7!, und falls 32.Dc8, so 32. . . .De7.
**31. . . .Lf7 32.a4 Td7 33.a5 Kg7 34.Db3 De6 35.Db4! De8**
Schwarz ist zum Rückzug gezwungen.
**36.Kg2?!**
Energischer war 36.Lg2 mit der Absicht 37.Lh3!
**36. . . .Dd8 37.Tc5?!**
Abermals nicht das Beste. Nach 37. Tc3 bliebe Weiß am Ruder.
**37. . . .De7 38.Dc3**
Jetzt gleicht Schwarz mit energischem Gegenspiel die Chancen aus. Besser war 38.Dd2, und falls 38. . . .

g5, so 39.hg fg 40.Tc3 (Analyse von J. Awerbach und M. Taimanow).
**38. . . .g5! 39.De3 g4 40.Ld1 De4† 41.Kg1,** Remis.
Diese wichtige Partie verdeutlicht die Schwierigkeiten der Defensive bei derartigen Stellungen.

In der 22. Partie des WM-Revanche-Zweikampfes, London — Leningrad 1986, ist es G. Kasparow durch vortreffliches Spiel gelungen, das weiße Angriffspotential beim vorliegenden Standard-Aufbau zur Geltung zu bringen.

**Damengambit**

*Kasparow – Karpow*

Leningrad 1986

**1.d4 Sf6 2.c4 e6 3.Sf3 d5 4.Sc3 Le7 5.Lg5 h6 6.Lf6: Lf6: 7.e3 0-0 8.Tc1 c6 9.Ld3 Sd7 10.0-0 dc 11.Lc4: e5 12.h3!**
Wie wir bereits gesehen haben, fällt es dem Nachziehenden nach diesem Zug nicht leicht, das Spiel auszugleichen, streut ihm doch der entstehende Isolani Sand ins Getriebe.
**12. . . .ed 13.ed Sb6 14.Lb3 Lf5 15.Te1 a5 16.a3 Te8**
Etwas später behandelte Karpow dieselbe Stellung in einer anderen Partie (gegen A. Beljawski, Moskau 1986), jedoch mit den weißen Steinen. Auch dort ging Schwarz den Leidensweg bis zu Ende: 16. . . .Dd7 17.Se5 Le5: 18.Te5: Tfe8 19.De2 Tad8 20.Tce1 Te5: 21.De5: a4 22.

Dc5! (Weiß zieht großen Nutzen aus den Vorposten e5 und c5, die der Isolani seinem Besitzer gewährt) 22. . . .ab 23.Te7! Dd6 (schlecht sind sowohl 23. . . .Dc8 24.Db6: als auch 23. . . .Dd4: 24.Te8† Kh7 25. Df5:†) 24.Te8† Te8: 25.Dd6: Sc4 26.Db4 b5 27.d5! cd 28.Sd5: Lc2 29. Dc3 Td8 30.Sf4 Te1† 31.Kh2 Sd2 32.h4 Lf5 33.f3 g5 34.hg hg 35.Se2 g4 36.Sg3 Le6 37.f4 Sf1† 38.Sf1: Tf1: 39.De5 Lc4 40.Kg3 Td1 41.f5 Td5 42.De4, und Schwarz gab auf. **17.Te8:† De8: 18.Dd2 Sd7 19.Df4 Lg6** Nach 19. . . .Le6 muß Schwarz dem typischen Durchbruch d4-d5 Rechnung tragen, d. h. 20.d5 cd 21.Sd5:. **20.h4 Dd8 21.Sa4 h5 22.Te1 b5 23. Sc3 Db8 24.De3** Schlecht ist 24.Se5? Se5: 25.de b4 26.ab ab 27.Sa4 Ta5 28.Dg3 Te5: 29.Te5: De5: 30.Dg6: De1† 31.Kh2 Le5†, und schon geht der Vorteil auf Schwarz über. **24. . . .b4 25.Se4 ba 26.Sf6:† Sf6: 27.ba Sd5** Schwarz ermöglicht dem Rivalen den Übergang zu einem fixierten Aufbau im Zentrum, was wegen des »schlechten« Lg6 kaum gutzuheißen ist. Es wäre vernünftiger, mit 27. . . . Sg4 28.Dc3 Dd8 29.Se5 a4 30.La2 Db6 die Spannung aufrechtzuerhalten, ohne den Gang der Ereignisse zu beschleunigen. Aber auch hier stünde Weiß besser. **28.Ld5: ed 29.Se5 Dd8 30.Df3 Ta6 31.Tc1 Kh7 32.Dh3 Tb6 33.Tc8 Dd6 34.Dg3 a4 35.Ta8 De6 36.Ta4: Df5 37.Ta7 Tb1† 38.Kh2 Tc1 39.Tb7 Tc2 40.f3 Td2**

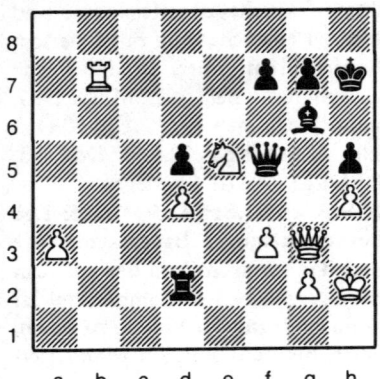

Hier blieb die Partie hängen. Der weiße Abgabezug lautet 41.Sd7!! und ist der Beginn einer effektvollen Kombination. **41. . . .Td4: 42.Sf8† Kh6 43.Tb4! Tc4** Sollte Schwarz den Turm schlagen, so geschieht 43. . . .Tb4: 44.ab d4 45.b5 d3 46.b6 d2 47.b7 d1D 48. b8D Dd2 49.Sg6: Dg6: 50.Dh8† Dh7 51.Dgg7:!. **44.Tc4: dc 45.Dd6 c3 46.Dd4,** Schwarz gab auf. Ex-Weltmeister Botwinnik äußerte sich darüber so: »Diese glänzende Partie wird in den ,Goldfond' des Schachspiels, für alle Zeiten in die Schachgeschichte eingehen. Eben aus dieser Partie geht hervor, daß Kasparow der echte Weltmeister ist.«

**Kapitel 4**
**Vormarsch des Isolani zur Festnagelung des gegnerischen Bauern auf der Nachbarlinie**

Diejenige Seite, die gegen den Isolani zu kämpfen hat, ist in der Regel bemüht, das Feld vor dem Isolani entweder unter strikter Kontrolle zu halten oder dieses mit einer Figur zu besetzen.
Daher kommt der vorliegende Plan seltener als der Durchbruch im Zentrum oder als ein Angriff am Flügel vor. Dem vorliegenden Verfahren begegnet man in der Tarrasch-Verteidigung aus dem Damengambit und in der Tarrasch-Variante der Französischen Verteidigung. Dabei ist der Bauernaufbau im Zentrum ausschlaggebend.

Das Gesagte verdeutlicht folgende Partie.

Damengambit

*Nowotelnow – Bondarewski*

Moskau 1951

**1.c4 e6 2.Sc3 d5 3.d4 c5 4.cd ed 5.Sf3 Sc6 6.g3 Sf6 7.Lg2 Le7 8.0-0 0-0 9.Lg5 Le6 10.dc Lc5: 11.Tc1 Lb6 12.Sa4**

(siehe Diagramm Nr. 53)

Was ist nun dem Nachziehenden zu empfehlen? Für die Organisierung

Diagramm Nr. 53

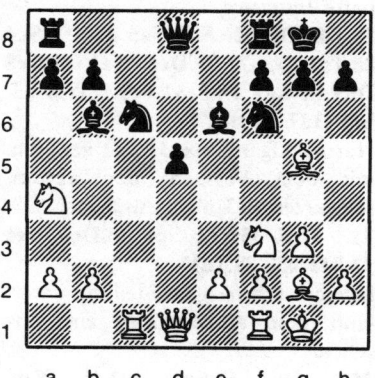

eines Angriffs am Königsflügel liefert die Stellung keine Voraussetzungen. Auch im Zentrum ist weit und breit keine Durchbruchsmöglichkeit zu sehen.
Doch eine eingehende Untersuchung der Position bringt eine günstige Entscheidung hervor: Durch die Fortbewegung des d-Bauern gewinnt Schwarz an Raum, außerdem wird dadurch der weiße e-Bauer unter Druck gesetzt und an seinem Ausgangspunkt festgenagelt.
**12. . . .d4! 13.Sb6: ab 14.a3 h6 15.Lf4?!**
Stärker war 15.Lf6: Df6: 16.Dd2 mit der Absicht 17.Df4 (hingewiesen von B. Slotnik).
**15. . . .Ld5 16.Se1 Lg2: 17.Kg2: Te8 18.Tc2 Dd5† 19.f3**
Falls 19.Kg1, so 19. . . .Dh5.
**19. . . .Te7 20.Sd3 Tae8 21.Lc1 Db3 22.Te1 Sd5 23.Sf2 Se3† 24. Le3: Te3:**
Der Druck, den Schwarz auf der e-

Linie ausübt, sichert ihm dauerhafte Initiative.

**25.Td2 Db5 26.Sd3 Sa5 27.Kf2 Sc4 28.Tc2 T3e7 29.Dc1 Se3 30.Tc8 Dh5 31.Kg1 Dh3 32.Te8:† Te8: 33. Sf4 Dd7 34.Dd2?!**
Hartnäckiger wäre 34.Sg2 gewesen, mit dem Versuch, den aktiven schwarzen Se3 abzutauschen.
**34. . . .g5 35.Sg2 Sc4 36.Dc2 De6 37.Kf2 b5! 38.Td1?**
In einer schwierigen Stellung unterläuft dem Anziehenden ein Versehen.
**38. . . .Dh3 39.Kg1 Dg2:†!**, Weiß gab auf.

Manchmal gelingt es, die Kontrolle, die der vorgeschobene d-Bauer über die Zentralfelder (e6 bzw. e3) ausübt, für die Umgruppierung der zum Königsangriff notwendigen Figuren auszunützen.

Damengambit

*Hulak – S. Marjanovic*

Jugoslawien 1984

**1.d4 d5 2.c4 e6 3.Sc3 c5 4.cd ed 5.Sf3 Sc6 6.g3 Sf6 7.Lg2 Le7 8.0-0 0-0 9.dc**
Weiß beabsichtigt die Eroberung der schwarzen Felder rund um den gegnerischen Isolani. Neben dem Zug in der Partie ist auch 9.Lg5 verbreitet.
**9. . . .Lc5: 10.Sa4 Le7 11.Le3 Te8 12.Tc1 Lg4 13.Db3 Dd7 14.Lc5**
Bei 14.Sc5 wäre 14. . . .Lc5: 15.Tc5: und jetzt 15. . . .d4! mit gutem schwarzem Spiel möglich.
**14. . . .Se4 15.Le7: Te7: 16.Tfd1**

Diagramm Nr. 54

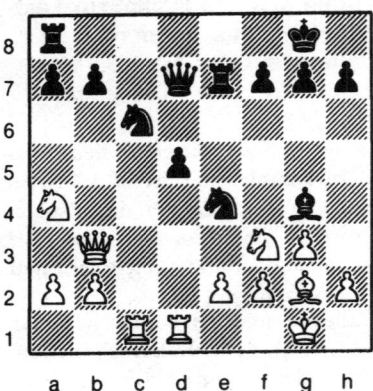

**16. . . .d4!**
Der Schritt des schwarzen d-Bauern führt zum Durcheinander im weißen Lager. Jetzt kann Schwarz den Be2 aufs Korn nehmen. Außerdem macht die Plazierung des Bauern auf d4 das Feld e3 zum Stützpunkt des Nachziehenden, der für den bevorstehenden Angriff am Königsflügel von Nutzen ist.
Zwar vermag Weiß in diesem konkreten Fall den mutigen schwarzen »Infanteristen« zu gewinnen, aber er wird nicht umsonst fallen: Nach 17. e3 Df5 18.ed Tae8 oder 17. . . .Sf2:!? 18.Kf2: Te3: ist Schwarz für das geopferte Material mit gutem Spiel entschädigt. Besonders kennzeichnend ist letztere Variante, wo gerade das Vorhandensein des Bauern auf dem Punkt d4 das Springeropfer ermöglicht.
**17.Da3?**
Wozu überführt Weiß die Dame auf den Brettrand? Scharfes Spiel, über welches wir eben gesprochen haben,

wäre das geringere Übel gewesen. Nach dem Zug in der Partie entfaltet sich der schwarze Angriff ungehemmt.

**17. . . .Tae8 18.Lf1 Df5 19.Sc5 Sf2:!** Dieser thematische Schlag ist dank der Plazierung des Bauern auf d4 möglich.

**20.Kf2: Te3 21.Td3** Oder 21.Sd3 Te2:† 22.Le2: Te2:†

23.Ke2: Df3† 24.Kd2 De2. Nach **21. . . .Lf3: 22.ef** oder 22.Te3: de† 23.Kg1 Ld5 24. Sd3 De4 mit Gewinn **22. . . .Df3:† 23.Kg1 b6** ist alles zu Ende.

Eine glänzende Partie, die alle Vorteile des mit dem Vormarsch des d-Bauern verknüpften Planes verdeutlicht.

# Teil II
# Die Schwächen des Damenisolani

## Spielgriffe im Kampf gegen den Isolani

Worin besteht eigentlich die Schwäche des Damenisolani? Ist es nicht doch leeres Gerede, wenn man diesem Bauern Schwäche zuschreibt? Richard Reti äußerte seinerzeit die Ansicht, daß die Schwäche des Isolani nicht in ihm selbst, sondern im Feld vor ihm besteht. Dieses Feld gerät in den Besitz des Gegners, der die Möglichkeit hat, das Feld vor dem Isolani mit einer aktiven Figur zu besetzen.

Wir würden die Äußerung Retis mit der Behauptung ergänzen, daß die besagte Schwäche besonders im Endspiel schwer in die Waagschale fällt. Daher gehört die Vereinfachung der Stellung — um möglichst einen schnelleren Übergang ins Endspiel zu erreichen — zu den gebräuchlichsten Verfahren im Kampf gegen den Isolani.

Zu den erprobten und allgemein anerkannten Kampfmethoden gehören außerdem folgende Verfahren:
— Umgestaltung der Isolani-Stellung zu einer Position mit isoliertem Bauernpaar (c3† d4 bzw. c6† d5) im gegnerischen Lager;
— Umgestaltung der Isolani-Stellung zu einer Position mit zentralisiertem und isoliertem Bauernpaar (e6† d5) im gegnerischen Lager und darauffolgender Angriff auf dieses Paar mittels e4!.
Untersuchen wir der Reihe nach die genannten Pläne.

## Kapitel 1
## Vereinfachung der Stellung zum Übergang ins Endspiel

Dieses Verfahren kommt beim Kampf gegen den Isolani am häufigsten vor.

Nach dem Figurentausch kann es passieren, daß der Initiative der ursprünglich aktiveren Seite der Atem ausgeht. Danach wirkt sich bereits die Schwäche des vereinzelt gebliebenen Bauern aus. Von besonderem Nutzen sind daher solche Tausche, bei denen der Bauernaufbau sich nicht verändert und der zentralisierte Bauer nach wie vor als Isolani verbleibt. Dann wird es möglich, diesen direkt unter Druck zu setzen.

Folgendes Endspiel, in dem die Schwäche des Isolani deutlich zutage tritt, gehört heutzutage zur Klassik.

*Marshall – Tschigorin*

Barmen 1905

Diagramm Nr. 55

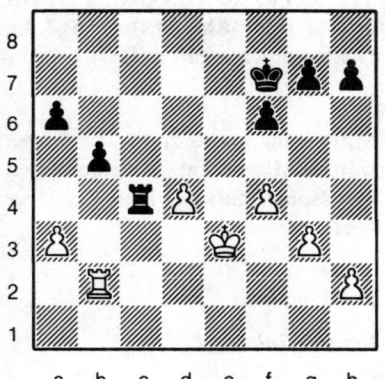

Eine solche Stellung kann aus dem Angenommenen Damengambit entstehen, falls es dem Anziehenden im Mittelspiel nicht gelingt, mit dem Isolani auf d4 als Grundlage zu aktivem Spiel zu kommen. Eben die Eventualität eines derartigen Endspiels hatte Steinitz und Capablanca veranlaßt, die Bildung eines Isolani auf d4 als nachteilig für Weiß zu betrachten.
**1. . . .Ke6!**
Schwach ist 1. . . .Tc3† 2.Ke4 Ta3: 3.Kd5!, und der Bauer d4 wird zum gefährlichen Freibauern.
**2.Tb3 Kd5 3.Td3 f5 4.h3 h5 5.Ke2 Td4:**
Der schwache Bauer ist gefallen.
**6.Tc3 Te4† 7.Kd2 h4 8.Tc7 hg 9.Tg7: Tf4: 10.Tg3: Ke5 11.Ke2 Tc4 12.Tg6 Ta4 13.Tg3 f4 14.Tb3 Tc4 15.Kd1 Ke4 16.h4 f3 17.Ke1 Kf4 18.h5 Tc1† 19.Kf2 Tc2† 20.Ke1 Kg3,**

und nach wenigen Zügen gab sich Weiß geschlagen.
Schon an dem angeführten Beispiel sind die Schwächen des zentralisierten Isolani deutlich zu sehen:
— Schwäche des Feldes oder gar der Gesamtheit von Feldern rund um einen solchen Bauern (in unserem Beispiel sind das die Felder c4, d5 und e4);
— Beschränktheit der Möglichkeiten, diesen Bauern vor dem Angriff der gegnerischen Figuren zu schützen (in unserem Beispiel war Weiß außerstande, den Bd4 zu halten).

Falls der Isolani-Besitzer dem Rivalen entgegenkommt und sich mit Tauschen einverstanden gibt, so erwarten ihn ernsthafte Unannehmlichkeiten. Diese Weisheit müßte sich jeder Spieler »hinter die Löffel schreiben«.

Damengambit

*Petrosjan – Gipslis*

Meisterschaft der UdSSR, 1958

**1.c4 Sf6 2.Sf3 e6 3.Sc3 c5 4.e3 d5 5.d4 Le7 6.cd ed 7.dc Lc5: 8.Le2 0-0 9.0-0 Sc6 10.b3 Le6 11.Lb2 De7**

(siehe Diagramm Nr. 56, S. 56)

Die kritische Stellung! Schwarz hat im Zentrum einen Isolani und muß aus diesem Grund nach aktivem Spiel streben. Doch Weiß hat das Schlüsselfeld d4 fest im Besitz und versucht daher, das Spiel zu verein-

Diagramm Nr. 56

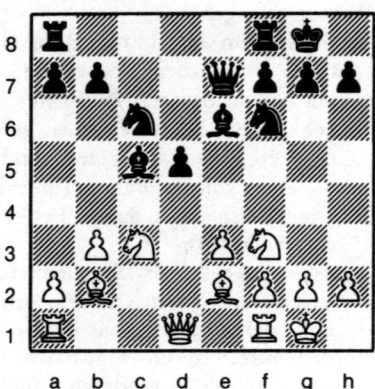

fachen, um die potentiellen Schwächen des schwarzen Bauern d5 auszuspielen. Beachtenswert ist die Fertigkeit, mit der Petrosjan sein Ziel verfolgt.

**12.Sb5! a6 13.Sbd4 Sd4: 14.Sd4: La3?**
Es ist merkwürdig, daß nicht Weiß, sondern Schwarz selbst diese massenhaften Tausche unternimmt. Selbstverständlich erleichtert das die Aufgabe des Anziehenden.

**15.Dc1 Lb2: 16.Db2: Tac8 17.Tac1 h6 18.Ld3 Dd6 19.h3 Sd7 20.Sf5!**
Nach dem Tausch auf f5 wird es dem Bauern d5 an Schutz mangeln. Da auf dem Brett alle Schwerfiguren vorhanden sind, hat der Läufer einen größeren Wert als der Springer.

**20. . . .Lf5: 21.Lf5: g6 22.Lg4 h5 23.Lf3 Se5 24.Le2 Tc1: 25.Tc1: Td8 26.Td1 Df6 27.Dd4 De7 28.Db6 Td7 29.b4!**
Weiß verstärkt seine Stellung noch mehr. Falls jetzt 29. . . .Kg7, so

geschieht 30.b5 ab 31.Lb5: Td8 32.Da5.
**29. . . .Sc6 30.La6: Sb4: 31.Lb5 Tc7 32.a3 Sc2 33.Td5: Sa3: 34.Dd4! Tc8 35.Ld3 b5 36.Lg6:! fg 37.Td7 Df8 38.Dd5† Kh8 39.De5† Kg8 40. De6†, Schwarz gab auf.**

Mit einem interessanten Verfahren wartete Michail Tal im Kampf gegen den Isolani auf, der Paul Keres gehörte.

Damengambit

*Keres – Tal*

Moskau 1957

**1.d4 Sf6 2.c4 e6 3.Sf3 c5 4.e3 d5 5.a3 cd 6.ed Le7 7.Sc3 0-0 8.Lf4?!**
Die herkömmliche Entwicklung auf g5 ist besser.

**8. . . .Sc6 9.Tc1**
Weiß spielte in der Eröffnung etwas schnörkelhaft, so daß bei ihm ein Isolani entstand. In der gegebenen Situation kommt dieser Umstand dem Nachziehenden zugute.

**9. . . .Se4 10.Ld3 Sc3: 11.Tc3: dc!**
**12.Tc4: Da5†! 13.Ld2 Dd5!**

(siehe Diagramm Nr. 57)

Neue Wege im Kampf gegen den Isolani! Normalerweise wird vor dem Isolani auf dem Feld d5 der Springer postiert. Doch Tal geht von der Eigenart der vorliegenden Stellung aus und besetzt besagtes Feld

Diagramm Nr. 57

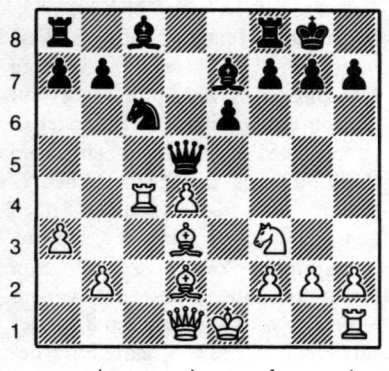

mit seiner Dame, die das weiße
Spiel buchstäblich lahmlegt.
**14.Dc2 f5 15.0-0 Ld7 16.Td1 Tac8
17.Le3 Sa5! 18.Tc8:**
Auch 18.Tc3 Tc3: 19.bc Lb5 käme
Schwarz zugute.
**18. . . .Tc8: 19.De2 Ld6 20.Se5 La4!
21.Te1 Le5: 22.de Td8 23.b4 Lc6
24.f3 Dd3: 25.Dd3: Td3: 26.ba Ta3:
27.La7: Ta5:**
Im Ergebnis besitzt Schwarz einen
Mehrbauern. Dessen Verwertung ist
eine rein technische Angelegenheit,
die Tal tadellos besorgt.
**28.Ld4 Ta2 29.Tb1 Td2 30.Lc3 Tc2
31.Ld4 Kf7 32.h4 Kg6 33.Tb4 h6
34.Tb2 Tb2: 35.Lb2: Kh5**
Die Aktivität des Königs im Endspiel gehört zu den wichtigsten Ge-
boten für dieses Stadium der Partie.
**36.La3 Kh4: 37.Lf8 Kg3 38.Lg7: h5
39.Lh6 Lf3:!**
Mit diesem Läuferopfer entscheidet
Schwarz den Ausgang der Partie.
**40.gf Kf3: 41.Kf1 b5 42.Ld2 h4 43.
Lb4 h3 44.Kg1 Ke2,** Weiß gab auf.

Petrosjan spielte in einer WM-Wett-
kampfpartie gegen Botwinnik die
Nachteile des Isolani mit höchster
Präsizion aus.

Grünfeld-Verteidigung

*Petrosjan – Botwinnik*

Moskau 1963

**1.c4 g6 2.d4 Sf6 3.Sc3 d5 4.Sf3
Lg7 5.e3 0-0 6.Le2 dc 7.Lc4: c5
8.d5 e6 9.de Dd1:† 10.Kd1: Le6:
11.Le6: fe**

Diagramm Nr. 58

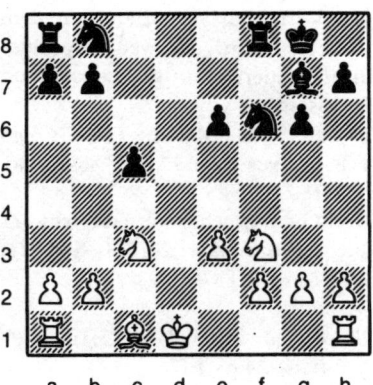

Ein Mittelspiel fand in diesem Duell
überhaupt nicht statt. Unmittelbar
nach der Eröffnung ging die Partie
in ein verwickeltes Endspiel über, in
dem das Vorhandensein des schwarzen Isolani Be6 für Weiß einen
winzig kleinen Vorteil bedeutet. Es
ist klar, daß ein solcher Isolani für
Weiß bei weitem nicht so gefährlich wie der Bd4 ist. All jene aktiven Pläne, die wir im ersten Teil

unserer Abhandlung besprochen haben, sind für einen Isolani auf der e-Linie unbrauchbar. Zwar steht ein direkter Gewinn des Bauern e6 durch den Anziehenden noch nicht auf der Tagesordnung, aber der Mangel eines Isolani besteht nicht nur darin, daß er zur Zielscheibe werden kann. Nicht weniger wichtig ist die Tatsache, daß der Rivale die vor dem Isolani befindlichen Felder als Stützpunkte für seine Figuren ausnützt.

**12.Ke2 Sc6**

Hätte es auf dem Brett die Springer nicht gegeben, so würde Weiß keine Chance gehabt haben, seinen winzigen Vorteil zu verwerten. Auf dem Punkt e4 wird der weiße Springer ideal postiert sein (hingewiesen von Petrosjan).

**13.Td1 Tad8 14.Td8: Td8: 15.Sg5 Te8 16.Sge4 Se4: 17.Se4: b6 18.Tb1 Sb4 19.Ld2 Sd5**

Recht unangenehm wäre für Schwarz auch 19....Sa2: 20.Ta1 Sb4 21. Lb4: cb 22.Ta7: Lb2: 23.Tb7 gewesen.

**20.a4 Tc8 21.b3 Lf8 22.Tc1 Le7 23.b4! c4 24.b5 Kf7**

Nach diesem Zug ist der schwarze c-Bauer gezeichnet. Weiß wird ihn früher oder später gewinnen. Hartnäckiger dürften die von Petrosjan angegebenen drei Varianten sein, bei denen der weiße Vorteil nach wie vor winzig klein geblieben wäre:
1.) 24....La3 25.Tc2 c3 26.Lc3: Lb4 27.Kd2 Tc4 28.Lb4: Te4: 29. Ld6 Ta4:;
2.) 24....c3 25.Lc3: Tc4 26.Kd3 Ta4: 27.Ld4;
3.) 24....c3 25.Lc3: La3 26.Tc2

Tc4 27.Kd3 Ta4: 28.Ta2 Te4: 29. Ta3: Sc3: 30.Ta7: Te5 31.Kc3: Tb5:.

Nach dem Textzug entwarf Weiß folgenden Plan seiner weiteren Handlungen: Der Läufer gehört auf c3, um den Freibauern zum Stehen zu bringen; der Springer wird vom Punkt d2 aus den gegnerischen c-Bauern aufs Korn nehmen; nach dem Zug g2-g3 wird der schwarze Springer keinen Zutritt zum Punkt f4 haben, und mit seinem e-Bauern wird Weiß diesen Springer vertreiben. So sah — ganz kurz beschrieben — Petrosjans Plan für die Fortsetzung des Kampfes aus.

**25.Lc3 La3 26.Tc2 Sc3:† 27.Tc3: Lb4 28.Tc2 Ke7**

Mehr Chancen würde dem Nachziehenden 28....e5 bieten.

**29.Sd2 c3 30.Se4 La5 31.Kd3 Td8† 32.Kc4 Td1 33.Sc3: Th1?**

Das Fragezeichen gehört Petrosjan, der den Übergang zum Turmendspiel für aussichtsreicher hielt.

**34.Se4! Th2: 35.Kd4! Kd7 36.g3 Lb4 37.Ke5 Th5† 38.Kf6 Le7† 39. Kg7 e5 40.Tc6! Th1 41.Kf7!**

Die weiße Überlegenheit wird mit jedem Schritt stärker.

**41....Ta1 42.Te6 Ld8**

Nichts Besseres verspricht 42.... Lb4 43.Te5: Ta4: 44.Sf6† Kd6 45. Td5† Kc7 46.Td4 (Analyse von Petrosjan).

**43.Td6† Kc8 44.Ke8 Lc7 45.Tc6 Td1 46.Sg5 Td8† 47.Kf7 Td7† 48. Kg8,** Schwarz gab auf.

Früher pflegte man im Kampf gegen den Isolani diesen zuerst festzunageln und danach unter massiven Druck zu setzen. Später ist man zur

Einsicht gekommen, daß sich der Isolani nicht nur festnageln, sondern auch umkreisen läßt. Mag der Isolani doch vorwärts marschieren, dadurch entblößt er seinen Rücken. Es fällt ja sowieso nicht schwer, den Isolani zum Stehen zu bringen, doch dank des entblößten Rückens ist es leichter, ihn zu umkreisen und zu gewinnen (dies bezieht sich hauptsächlich auf einen schwarzen Isolani).

Hier einige Partien, die zu unterschiedlichen Zeiten ausgetragen worden sind.

### Damengambit

*Em. Lasker – Tarrasch*

St. Petersburg 1914

**1.d4 d5 2.Sf3 c5 3.c4 e6 4.cd ed 5.g3 Sc6 6.Lg2 Sf6 7.0-0 Le7 8.dc Lc5:**
Der Verlauf der Eröffnung entspricht durchaus auch heutigen theoretischen Vorstellungen. Weiß hat seinen König in Sicherheit gebracht, beeilt sich aber nicht, sich auf bestimmte Felder für die Figuren seines Damenflügels festzulegen. Doch jetzt beginnt der weiße Springer seine Tour auf der Route b1-d2-b3-d4.
**9.Sbd2 d4**
Schwarz hält sich streng an die Prinzipien der seinen Namen tragenden Verteidigung und schiebt seinen d-Bauern nach vorne.
**10.Sb3 Lb6 11.Dd3 Le6 12.Tfd1**
Jetzt stellt sich heraus, daß der

Zug d5-d4 auch Nachteile hat. Unter anderem hat Schwarz dadurch seinem Läufer die Diagonale a7-g1 versperrt, so daß der weiße Bauer f2 nicht mehr schutzbedürftig ist. Das gibt dem Anziehenden die Möglichkeit, seinen Tf1 für andere Zwecke einzusetzen.
**12. . . .Lb3: 13.Db3: De7 14.Ld2 0-0 15.a4 Se4**
Der Idee des Zuges d5-d4 würde eher 15. . . .Sa5!? 16.Dd3 Tfe8 entsprechen.
**16.Le1 Tad8**

Diagramm Nr. 59

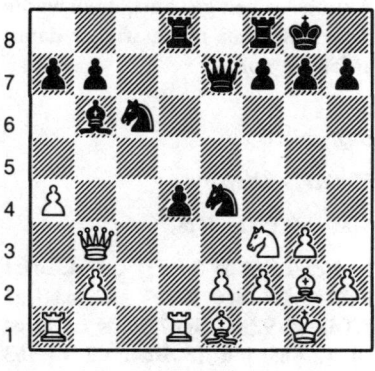

**17.a5! Lc5 18.a6! ba 19.Tac1! Tdc8 20.Sh4 Lb6 21.Sf5! De5 22.Le4: De4: 23.Sd6! De2: 24.Sc8: Tc8: 25.Dd5,** und Weiß gewann.
Diese Art der Isolanibekämpfung, die wir eben beobachtet haben, ist von Em. Lasker und Capablanca in die Praxis eingeführt worden. Der Isolani wird also auf d4 gelockt und danach von drei Seiten mit Figuren umzingelt. Die Partie Capablanca —

Rubinstein, Berlin 1928, verlief so:
1.d4 d5 2.Sf3 c5 3.dc e6 4.e4 Lc5:
5.ed ed 6.Lb5† Sc6 7.0-0 Se7 8.
Sbd2 0-0 9.Sb3 Lb6 10.Te1 Lg4
11.Ld3 Sg6 12.h3 Lf3: 13.Df3: Sce5
14.Df5 Sd3: 15.Dd3: d4 16.Ld2
Df6 17.Te4 usw.

Einige Jahrzehnte später hat man
gelernt, dieses Vorhaben auf noch
elegantere Weise auszuführen. So
hat beispielsweise Bobby Fischer in
einer seiner Partien, die wir hier
bringen, dem Isolani vollständige
Aktionsfreiheit gewährt, doch wußte
dessen Besitzer nicht, was er damit
anfangen soll.

Sizilianisch

*Fischer – Olafsson*

Mar del Plata 1960

1.e4 c5 2.Sf3 d6 3.Lb5† Ld7 4.Ld7:†
Dd7: 5.0-0 Sc6 6.De2 g6 7.c3 Lg7
8.Td1 e5 9.Sa3 Sge7 10.d4 cd 11.cd
ed 12.Sb5 0-0 13.Sfd4: d5 14.Sb3
a6 15.Sc3 d4 16.Sa4 Tae8 17.Lf4
Sd5 18.Lg3 De7 19.Sac5 Kh8 20.
Te1 Sb6 21.Tac1 f5 22.Dd2 Df7
23.ef gf 24.Sd3 Sd5 25.Ld6 Tg8
26.Sa5 Sa5: 27.Te8: Te8: 28.Da5:
h6 29.g3 Kh7 30.Sf4 Sf4: 31.Lf4:
Weiß verbessert Schritt um Schritt
die Postierung seiner Figuren und
zwingt dem Rivalen Tausche auf.
Dadurch treten die Schwächen des
schwarzen Isolani noch deutlicher
zutage.
31. . . .De6 32.Ld2 Tc8 33.Te1 Df7

Diagramm Nr. 60

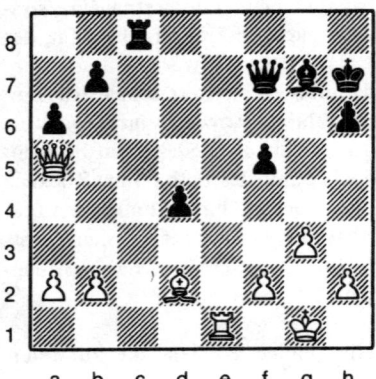

34.Te7! Dg6
Falls 34. . . .De7:, so 35.Df5:† und
36.Dc8:.
35.Tb7: f4 36.Dd5 Te8 37.Lf4: Te1†
38.Kg2 Dd3 39.Kh3 Dg6 40.Td7 h5
41.Kg2 h4 42.Td6, Schwarz gab auf.

Ein weiteres Beispiel zum Thema
„Umkreisung des Isolani".

Nimzowitsch-Verteidigung

*Toprower – Estrin*

Leningrad 1953

1.d4 Sf6 2.c4 e6 3.Sc3 Lb4 4.e3
0-0 5.Ld3 d5 6.Sf3 c5 7.0-0 cd 8.ed
dc 9.Lc4: a6 10.a3 Le7 11.Dd3 b5
12.La2 Lb7 13.Lg5 Sbd7 14.Tad1
Sb6
Das Feld vor dem Isolani steht
unter strenger Kontrolle des Nachziehenden. Bald wird es zu direktem
Druck auf den Isolani kommen.
Weiß sucht seinerseits sein Glück
am Königsflügel:

15.Lb1 g6 16.Se5 Sbd5 17.Lh6 Te8
18.Se2 Tc8 19.Dh3 Lf8 20.Td3 Se7
21.Lg5 Lg7 22.Sf4 Sf5 23.La2 h6

Diagramm Nr. 61

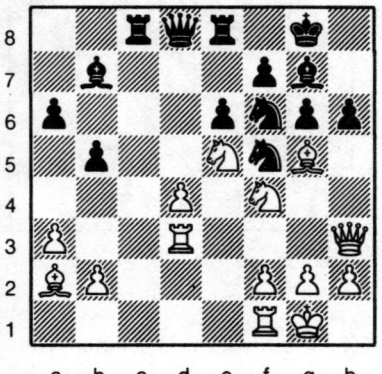

24.d5
Ein verzweifelter Versuch, im Trüben zu fischen.
24. . . .ed 25.Sd5: Ld5: 26.Td5: Dd5:
27.Ld5: Sd5: 28.Sf7: Kf7: 29.Df3
Te5 30.Lf4 Sf4: 31.Df4: Kg8 32.
Td1 Tce8 33.Kf1 Se3†! 34.fe Tf5
35.Td6 Te3:, und Weiß gab auf.

Die 9. Partie des WM-Zweikampfes
zwischen W. Kortschnoi und A.
Karpow gehört in jedes Lehrbuch.
Schwarz führte praktisch die gesamte moderne Technik der Isolanibekämpfung vor.

Damengambit

*Kortschnoi – Karpow*

Meran 1981

1.c4 e6 2.Sc3 d5 3.d4 Le7 4.Sf3 Sf6
5.Lg5 h6 6.Lh4 0-0 7.Tc1
Eine solche Zugfolge kam bei Kortschnoi in seinen Partien mit Weiß
gegen Karpow des öfteren vor.
Weiß möchte bei herkömmlichem
b7-b6 so schnell wie möglich Druck
auf der c-Linie schaffen und — so
gut es geht — den Vormarsch c7-c5
stören.
Karpow wartete mit einem interessanten Gegenspielplan auf, nach
dem bei Weiß auf d4 ein Isolani
entsteht.
7. . . .dc 8.e3
Interessant dürfte auch 8.e4 sein,
da 8. . . .Se4: wegen 9.Le7: Sc3:
10.Ld8: Sd1: 11.Le7 Te8 12.La3
nicht ginge.
8. . . .c5 9.Lc4: cd 10.ed Sc6 11.0-0

Diagramm Nr. 62

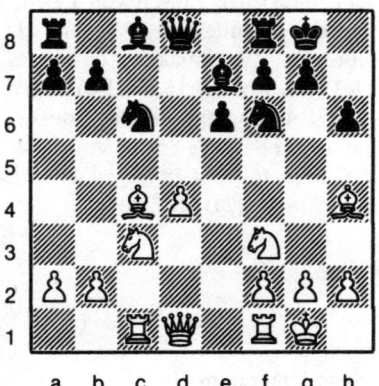

Auf dem Brett ist eine Standard-Stellung mit weißem Bauer d4 als Isolani entstanden.

Die Plazierung des schwarzfeldrigen Läufers von Weiß auf dem Punkt h4 gehört zu den Feinheiten der Stellung. Die Theorie schreibt hier Sc6-b4-d5 vor, das Feld vor dem Isolani besetzend. Da sich der schwarze Läufer jedoch auf b4 befindet, ist der Tausch der schwarzfeldrigen Läufer möglich, der dem Nachziehenden zugute kommt.

**11. . . .Sh5! 12.Le7: Se7:**
Der Se7 hat den Punkt d5 unter Kontrolle. Der übliche Vormarsch d4-d5 hätte nach 13.d5 ed und 14.Sd5: Sd5: 15.Ld5: Sf4 16.Le4 Ddl: 17. Tcd1 Le6 vollständigen Spielausgleich ergeben, aber wegen des Punktestandes im Zweikampf wollte Weiß sich damit nicht zufriedengeben.

**13.Lb3 Sf6 14.Se5 Ld7 15.De2 Tc8 16.Se4**
Karpow äußerte sich dazu so: »Weiß ist immer noch auf keinen vernünftigen Plan gekommen und läßt außer acht, daß jeder Tausch von Leichtfiguren potentiell den Bauern d4 schwächt. Zweckmäßiger dürfte 16. Tfe1 sein, wonach 16. . . .Lc6 wegen 17.Sf7: nicht ginge. Meine Antwort auf 16.Tfe1 würde entweder 16. . . . Tc7 oder 16. . . .Le8 lauten.«

**16. . . .Se4: 17.De4: Lc6!**

(siehe Diagramm Nr. 63)

Diagramm Nr. 63

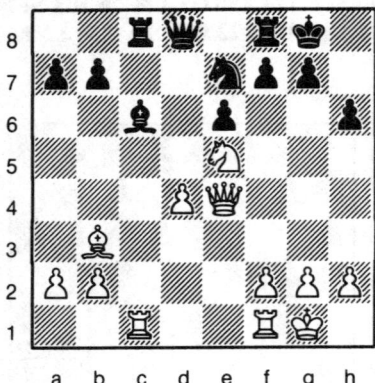

Geben wir abermals Anatoli Karpow das Wort: »Ein wichtiges Moment besteht darin, daß Schwarz nach doppeltem Tausch auf dem Feld c6 keine Angst vor der Bildung eines eigenen Isolani hat. Der schwarze Springer ist imstande, sowohl seinem Bauern sicheren Schutz zu gewähren, als auch den gegnerischen Bd4 anzugreifen, während die Möglichkeiten des weißen Läufers beschränkt sind.«

**18.Sc6: Tc6:!**
Schwarz bietet weitere Vereinfachungen an, wozu er den Turm auf der sechsten Reihe gut gebrauchen kann.

**19.Tc3 Dd6 20.g3 Td8 21.Td1 Tb6!**
Eine feine positionelle Idee. Jetzt, da Weiß unmöglich zum Angriff am Königsflügel kommen kann (weil die dritte Reihe überdeckt ist), ist es für Schwarz äußerst wichtig, seine Schwerfiguren auf dem Brett zu lassen. Ihnen kommt die Rolle zu,

Druck auf den Bd4 auszuüben, ihn vom Flügel her — mittels Tb4! — aufs Korn zu nehmen.
**22.De1 Dd7**
22. . . .Tb4 23.Tc4.
**23.Tcd3**
Bei 23.Tc5 schlägt Karpow 23. . . . Td6 24.Tdc1 Sc6 25.La4 Sd4:! 26. Ld7: Sf3† 27.Kf1 Se1: 28.Le6: Sd3 vor.
**23. . . .Td6 24.De4 Dc6! 25.Df4**
Falls 25.Dc6:, so 25. . . .Sc6: 26.d5 Sb4.
**25. . . .Sd5 26.Dd2 Db6 27.Ld5:**
Weitere Vereinfachungen kommen Schwarz zugute, da dem Anziehenden nichts außer einer passiven Verteidigung ohne jedes Gegenspiel übrig bleibt. Für Weiß ist nun guter Rat teuer.
**27. . . .Td5: 28.Tb3 Dc6 29.Dc3 Dd7 30.f4**
Die Drohung e6-e5 wehrt Weiß zwar ab, schwächt aber zugleich die Stellung seines Königs.
**30. . . .b6! 31.Tb4 b5 32.a4**
Falls 32.Tb3, so 32. . . .Tc8 nebst 33. . . .Tc4.
**32. . . .ba**
Schwarz zwingt den Figuren des Rivalen eine ungünstige Postierung am Damenflügel auf und erhält dadurch die Möglichkeit, sich an die geschwächte weiße Königsstellung heranzumachen.
**33.Da3 a5 34.Ta4: Db5! 35.Td2 e5! 36.fe Te5: 37.Da1 De8!**
Ein studienartiger Zug! So kommt die Schlagkraft der Dame auf Linien und Diagonalen auf die effektvollste Weise zum Tragen.
**38.de Td2: 39.Ta5: Dc6 40.Ta8†**

Kh7 41.Db1† g6 42.Df1 Dc5† 43. Kh1 Dd5†, und Weiß gab auf.

Interessant ist die Behandlung des Isolani-Problems seitens des Anziehenden in der folgenden Partie.

Damengambit

*Portisch – Keres*

Petropolis 1973

**1.c4 Sf6 2.Sc3 e6 3.Sf3 c5 4.g3 d5 5.cd Sd5: 6.Lg2 Le7 7.0-0 0-0 8.d4 Sc6 9.Sd5: ed 10.Le3 Lf6**

Diagramm Nr. 64

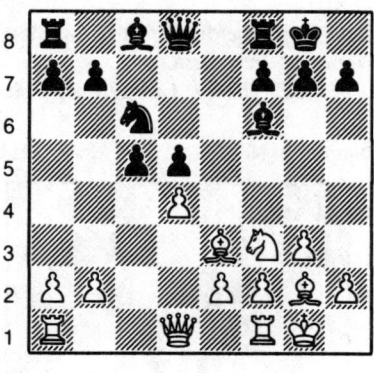

**11.dc!**
Weiß läßt beim Rivalen einen Isolani auf d5 entstehen, wobei er das Vorhandensein zweier schwacher Bauern — a2 und c5 — im eigenen Lager in Kauf nimmt. Wesentlich hier ist, daß die offene b-Linie und der Druck auf den Bd5 gewichtiger sind, da kein schwarzer Stein die

schwachen weißen Bauern zu bedrohen vermag.
**11. . . .Lb2: 12.Tb1 Lf6 13.Se1!**
Ein weiteres wichtiges Moment: Der weiße Springer begibt sich auf d3, wo er einen breiten Aktionsbereich haben wird, während der Vormarsch des Bd5 nach d4 dem Nachziehenden kein ausreichendes Gegenspiel einbringen kann, da es schwerfällt, auf der e-Linie aktiv zu sein. Hinzu kommt noch der Umstand, daß der Punkt d5 unter Beschuß liegt.
**13. . . .d4 14.Lf4 Da5 15.Sd3! Da2: 16.Ld6 Te8?!**
Keres gab später zu, daß 16. . . . Td8! 17.Sf4 Le5 besser gewesen wäre.
**17.Sf4!**
Die Geschmeidigkeit des weißen Planes ist beeindruckend.
**17. . . .Lf5 18.Tb7: Le4 19.Le4: Te4:**

Diagramm Nr. 65

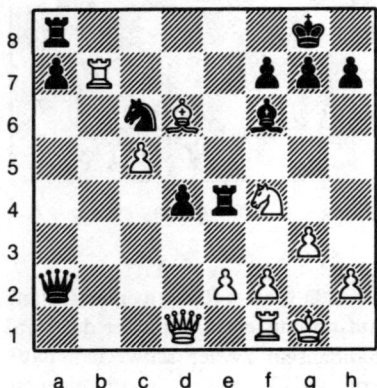

**20.Db1!**
Weiß geht zum Endspiel mit guten Siegchancen über.

**20. . . .Db1: 21.Tfb1: T4e8 22.Tc7!**
**Tec8 23.T1b7 Tc7: 24.Tc7: Sa5 25.**
**Sd5 Ld8 26.Se7† Le7: 27.Le7: h6**
**28.c6 Tb8 29.Ld6!**
Wir machen den Leser auf die rein technische Fertigkeit des weißen Spiels aufmerksam. Es reicht nicht aus, Vorteil erlangen zu können, man muß auch die Technik seiner Verwertung beherrschen. Nach 29. Ta7: Sc6: würde der Kampf am wahrscheinlichsten remis enden.
**29. . . .Kh7**
Zu weißem Sieg führte 29. . . .Tb1† 30.Kg2 Tc1 31.Tc8† Kh7 32.c7. Mit dem Zug in der Partie entzieht Schwarz seinen König einem eventuellen Schachgebot.
**30.Tf7: Tb1† 31.Kg2 Sc6: 32.Tc7 Sd8**
Der weiße a-Bauer birgt auch in der Variante 32. . . .Tb6 33.Lf8 a5 34. Tg7:† Kh8 35.Tg6 keine Gefahr.
**33.Ta7: Tb5 34.f4 Sb7 35.Le5 Tb4 36.Ld4:!**
Jetzt ist die Sache entschieden.
**36. . . .g5 37.Kf3 Kg6 38.Ta6† Kf7 39.e3,** und Schwarz gab auf.

Noch ein paar Beispiele aus der Praxis:

Damengambit

*Karpow – Spasski*

Montreal 1979

**1.d4 Sf6 2.c4 e6 3.Sf3 d5 4.Sc3 Le7 5.Lf4 0-0 6.e3 c5 7.dc Sc6 8.Dc2 Da5 9.a3 Lc5: 10.Td1 Le7 11.Sd2 Ld7**

Die Stellung auf dem Brett ist bekannt und ergibt in der Regel verwickeltes Spiel. Im WM-Zweikampf Karpow — Kortschnoi, Baguio 1978, ist sie ernsthaft getestet worden. In der 23. Partie jenes Zweikampfes geschah 11....e5 12.Lg5 d4 13. Sb3 Db6 14.Lf6: Lf6: 15.Sd5 Dd8 16.Ld3 g6 17.ed Sd4: 18.Sd4: ed 19.Sf6:† Df6; 20.0-0 Le6, und Weiß übersah die Möglichkeit, mittels 21. f4 in Vorteil zu kommen.

Eine moderne Art besagter Variante lautet 13....Dd8 14.Le2 a5!?. Bei der Wahl des Zuges in der Partie rechnete Spasski wahrscheinlich mit folgender, zu verwickeltem Spiel führender Fortsetzung: 12.Sb3 Db6 13.cd Sd5: 14.Sd5: ed 15.Td5: Lb4† 16.Sd2 (16.ab? Sb4: 17.Dd2 Sd5: 18. Dd5: Le6, und Schwarz gewinnt) 16....Tc8 (Analyse von Karpow).

Doch der amtierende Weltmeister gab einer Standard-Stellung mit schwarzem Isolani den Vorzug. In der Stellung fehlt Schwarz jegliches reales Gegenspiel. Der Leser sollte sich das weitere Spiel des Anziehenden merken, welches für die Behandlung derartiger Stellungen mustergültig ist.

**12.Le2 Tfc8 13.0-0 Dd8 14.cd ed**

(siehe Diagramm Nr. 66)

**15.Sf3!**
Es ist notwendig, den Punkt d4 unter Kontrolle zu nehmen und die Beweglichkeit des Bd5 zu beschränken.

**15....h6 16.Se5**
Weiß beabsichtigt den Tausch von

Diagramm Nr. 66

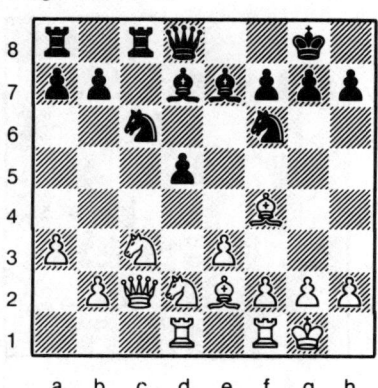

mindestens einem Springerpaar, wonach die Überwachung des Punktes d4 viel leichter fallen wird. Außerdem soll der freigewordene Punkt f3 vom Läufer besetzt werden, um den Bd4 unter starken Druck zu setzen (A. Karpow).

**16....Le6 17.Sc6:! Tc6:**
Unmöglich ist 17....bc wegen 18. La6 mit Qualitätsgewinn.

**18.Lf3 Db6 19.Le5!**
Weiß bietet den Tausch des zweiten Springerpaares an, was ihm zweifellos zugute kommen wird. Für die weittragenden Läufer und Schwerfiguren ist der Isolani ein sehr bequemes Angriffsziel (A. Karpow).

**19....Se4 20.De2 Sc3: 21.Lc3: Td8 22.Td3! Tcd6 23.Tfd1 T6d7 24. T1d2**
Schon Aljechin hielt es für ratsamer, die Dame hinter den Türmen zu postieren. Ein solcher Griff ist für Stellungen des vorliegenden Typs kennzeichnend.

**24....Db5 25.Dd1**

Diagramm Nr. 67

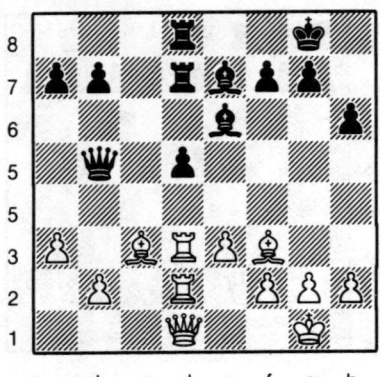

Nachdem Weiß seine Figuren ideal angeordnet hat, besteht seine weitere Aufgabe darin, die gegnerische Stellung zu lockern. Zu diesem Zweck können u. a. die Bauern am Königsflügel vorgeschoben werden.
**25. . . .b6 26.g3 Lf8 27.Lg2 Le7 28.Dh5! a6**
Zur Situation auf dem Brett äußerte sich Karpow so: »Schwarz trifft Vorkehrungen gegen den bedrohlichen Vormarsch e3-e4, schwächt aber dabei seine Bauern am Damenflügel, die jetzt selbst zur Zielscheibe werden können. Früher sorgte der Td7 für die Sicherheit des Bb7, auf dem Punkt b6 fehlt dem Bauern dieser Schutz. Ich habe ernsthaft erwogen, ob ich vielleicht Dh5-d1 und weiter Lc3-d4, drohend Td3-b3, wählen sollte. In diesem Fall ließe sich auch der weißfeldrige Läufer über Punkt f1 ins Geschehen einschalten. Nachdem ich mir das Pro und Contra überlegte, kam ich zum Schluß, daß eine

weiße Bauernoffensive am Königsflügel für Schwarz noch unangenehmer sein würde.«
**29.h3 Dc6 30.Kh2 a5 31.f4 f6 32. Dd1 Db5 33.g4 g5 34.Kh1 Dc6 35.f5 Lf7 36.e4**
Jetzt gewinnt Weiß den Bd5, wonach für Schwarz nicht mehr die geringste Hoffnung besteht.
**36. . . .Kg7 37.ed Dc7 38.Te2 b5**
Ein grobes Versehen, aber Schwarz würde sich auf jeden Fall nicht mehr halten können.
**39.Te7: Te7: 40.d6 Dc4 41.b3,** und Schwarz gab auf.

Der Kommentar zur nächsten Partie stammt aus der Feder von Anatoli Karpow.

Damengambit

*Karpow – Spasski*

Riga 1975

**1.d4 Sf6 2.c4 e6 3.Sf3 b6 4.g3 Lb7 5.Lg2 Le7 6.Sc3 0-0 7.Dc2 d5 8.cd Sd5: 9.0-0 Sd7**
Bei 9. . . .Sc3: 10.bc Sd7 geschieht das übliche Manöver 11.Sg5! Lg5: 12.Lb7:.
**10.Sd5: ed**
Nach 10. . . .Ld5: ist 11.e4 Lb7 12.Td1 c5 13.d5! ed 14.ed Lf6 15. h4 mit weißem Vorteil bekannt, Smyslow — Geller, UdSSR 1965.
**11.Td1 Sf6 12.Se5**
In derartigen Stellungen ist dieses Manöver standardmäßig. Der Springer begibt sich auf c6 und öffnet dem Läufer g2 zugleich die Diago-

nale h1-a8. Da die schwarzen Bauern »hängen«, ist die Postierung des Springers auf e5 vortrefflich. Er kann jederzeit die Punkte f4 und e3 besetzen.

**12. . . .c5 13.dc Lc5:**

Diagramm Nr. 68

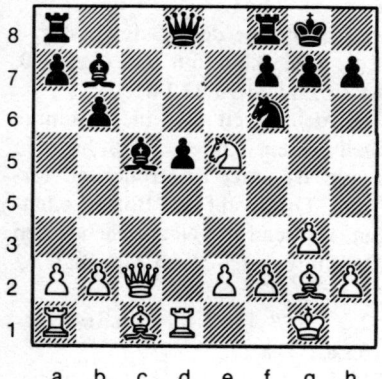

Schwarz wählt eine Stellung mit zentralisiertem Isolani Bd5. Es war auch möglich, den weißen Bc5 mittels 13. . . .bc zu nehmen, aber nach 14.Lg5! würde dann das »hängende« schwarze Bauernpaar in Gefahr geraten. Doch der zentralisierte Isolani Bd5 ist in der vorliegenden Stellung eher eine Schwäche als eine Stärke. Schwarz ist außerstande, aktives Spiel im Zentrum anzuknüpfen. Was aber den weißen Königsflügel betrifft, so weist er keine Schwächen auf, hier fühlt sich Weiß fest im Sattel.

**14.Sd3 Ld6 15.Lf4**

Je weniger Figuren sich auf dem Brett befinden, desto schwächer ist der Isolani. Von besonderer Wich-

tigkeit ist für den Isolani-Besitzer der Läufer, der die Felder rund um den Isolani überwacht.

**15. . . .Te8 16.e3 Se4 17.Ld6: Dd6: 18.Sf4**

Für den Springer, der auf den Isolani drückt, ist eine solche Postierung ideal.

**18. . . .Tac8**

Schwarz möchte sich mit passiver Verteidigung nicht zufriedengeben und entschließt sich zu einem zweifelhaften Bauernopfer.

**19.Da4 De7 20.Da7: Sf2: 21.Sd5:!**

Der Isolani ist gefallen.

**21. . . .Ld5: 22.De7: Sd1:**

Bei 22. . . .Te7: geschieht 23.Td5: Sg4 24.e4 Se3 25.Tb5, und Weiß steht nach wie vor überlegen.

**23.Tc1! Tb8 24.Db4 Lg2: 25.Kg2: Se3:† 26.Kg1 Te6**

Diagramm Nr. 69

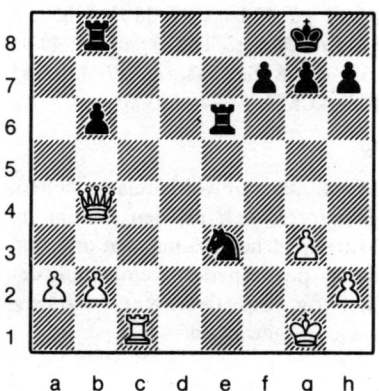

Die weiße Dame hat einen größeren materiellen Wert als die schwarzen Mehrfiguren und Mehrspringer. Doch für die Verwertung dieses Überge-

87

wichts ist eine gewisse Präzision notwendig. Schwarz baut seine Hoffnungen auf die Schwäche der weißen Königsstellung. Außerdem könnte der Nachziehende bei eventuellem Turmtausch versuchen, eine »Festung« zu errichten. Zu diesem Zweck müssen, erstens, die schwarzen Bauern am Königsflügel günstig angeordnet werden und, zweitens, die weißen Bauern am Damenflügel um den Preis des eigenen b-Bauern und des Springers beseitigt werden. **27.Df4 Td8 28.Dd4 Tde8 29.Dd7 Sg4 30.Tc8 Sf6** Nach **30. . . .Te1†** 31.Kg2 Te2† 32. Kh3 Sf2† 33.Kh4 Te4† 34.g4 Tg4:† 35.Dg4: würde Weiß mühelos gewinnen. **31.Te8:† Te8: 32.Db7 Te6 33.Db8† Se8** Jetzt marschieren die weißen Bauern am Damenflügel vorwärts. **34.a4 g6 35.b4 Kg7 36.Db7 h5 37. h3 Kf6 38.Kg2 Td6 39.a5 ba 40.ba Te6 41.a6 Sc7 42.a7 Te7 43.Dc6† Ke5 44.Kf3,** Schwarz gab auf.

Manchmal, obwohl relativ selten, gelingt es, sich an den Isolani im Mittelspiel heranzumachen und ihn, dank positioneller Feinheiten der Stellung, auf dem Kombinationswege zu gewinnen.

Damengambit

*Kalinitschenko – Jazenko*

Moskau 1986

**1.d4 d5 2.c4 e6 3.Sc3 c5 4.e3**

Die herkömmliche, zu inhaltsreichem Spiel führende Variante der Tarrasch-Verteidigung. **4. . . .Sf6 5.Sf3 Sc6 6.a3** Weiß strebt nach einer Stellung mit dem zentralisierten Isolani Bd4, aber auch Schwarz hat nichts gegen einen eigenen Isolani auf d5. **6. . . .a6 7.Ld3** Auf e2 stünde der Läufer besser. **7. . . .Ld6 8.0-0 0-0 9.dc Lc5: 10. b4 La7 11.cd ed 12.Lb2** Auf dem Brett ist eine bekannte Stellung entstanden. Weiß hat den Punkt d4 unter Kontrolle und versucht, Druck auf den Bd5 zu schaffen, während der Nachziehende den Durchbruch d5-d4 im Sinn hat. **12. . . .Lg4** 12. . . .d4?! 13.ed Sd4: 14.Se4!. **13.Le2! Te8?!** Das ist schon eine grobe Ungenauigkeit. Besser wäre 13. . . .Dd6 mit annähernd ausgeglichenem Spiel gewesen.

Diagramm Nr. 70

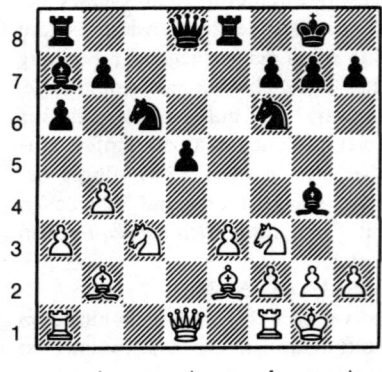

**14.b5!**
In Stellungen des vorliegenden Typs ist dieser Plan standardmäßig. Weiß beabsichtigt, den Punkt b5 für seinen Springer zu erobern oder — wie in dieser Partie — die schwarze Bauernkette am Damenflügel zu zerstören.
**14. . . .Sa5 15.ba ba 16.La6:! Db6**
Der Schlag 16. . . .Le3: geht nicht wegen 17.Lb5; das eben ist der Nachteil der Postierung des schwarzen Turms auf e8.
**17.Lb5**
Manchmal erweist sich das Vorhandensein des Turms auf der offenen Linie als nicht zweckmäßig. Stünde dieser Turm auf f8, so wäre der gesamte weiße Plan sinnlos gewesen . . .
**17. . . .Sc4**
Auf den ersten Blick scheint Schwarz ans Ruder gekommen zu sein.

Diagramm Nr. 71

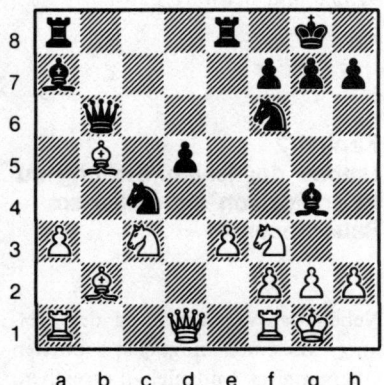

8 **18.Sd5:!**

Die scheinbar felsenfeste schwarze Stellung in der Brettmitte wird damit gesprengt.
So antwortet Weiß jetzt z. B. auf 18. . . .Sb2: mit 19.Sb6: Sd1: 20. Sa8:, und nach 18. . . .Sd5: geschieht 19.Lc4: Se3: 20.Lf7:†! Kf7: 21.fe mit weißem Vorteil. Daher bleibt dem Nachziehenden nichts außer dem Zug in der Partie übrig.
**18. . . .Db5: 19.Lf6:**
Die eigentliche Idee der Kombination.
**19. . . .gf 20.Sf6:† Kg7 21.Se8:†!**
Weiß stünde auch nach 21.Sg4: h5! ausgezeichnet, aber der Textzug ist genauer.
**21. . . .Te8: 22.Tb1 Da6 23.Dd5 h6 24.Tb4 Le6 25.Dh5 Da3:**
Ein Versehen in schwieriger Lage.
**26.Tc4:! Lc4: 27.Dg4†**, Schwarz gab auf.

Zum Schluß dieses Kapitels bringen wir ein Beispiel, das von unerschöpflichem Reichtum des Schachspiels und von seiner Tiefe zeugt. Hier findet die Binsenwahrheit, daß es keine Regel ohne Ausnahme gibt, ihre Bestätigung. Über die Rolle von Vereinfachungen bei der Isolanibekämpfung haben wir schon gesprochen. Aber in dieser Partie, die wir jetzt bringen, kamen Vereinfachungen — es klingt wie ein Paradoxon — eben dem Isolanibesitzer zugute.

Damengambit

*Andersson – Tal*

Malmö 1983

1.Sf3 d5 2.d4 Sf6 3.c4 e6 4.Lg5 Le7
5.Sc3 h6 6.Lf6: Lf6: 7.e3 0-0 8.Tc1
c6 9.Ld3 Sd7 10.0-0 dc 11.Lc4: e5
12.Lb3 ed 13.ed Te8 14.Dd2 Sb6?
Besser war 14. . . .Sf8.
15.Tfe1 Te1:† 16.Te1: Lg4 17.Se5
Le5: 18.Te5: Sd7 19.Te3 Sf6 20.h3
Ld7

Diagramm Nr. 72

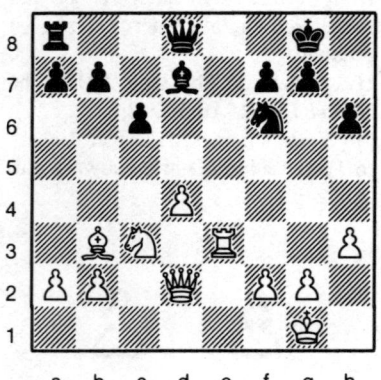

Auch in dieser Abzweigung des
Damengambits ist es zur Standard-
Stellung mit zentralisiertem Isolani
gekommen.
21.Se4!
Eine eigenartige Entscheidung, obwohl 21.d5 wegen 21. . . .Le6! nichts
eingebracht hätte, aber 21.De2 nebst
22.Te7 sollte erwogen werden.
21. . . .Se4: 22.Te4: Df8 23.Df4! Te8
24.Te8: De8: 25.Kh2
Anscheinend ist die Stellung einfach und remisbringend. In Wirk-

lichkeit erschwert die aktivere Anordnung der weißen Figuren dem
Nachziehenden die Verteidigung.
Nach Michail Tal ergeben die Varianten 25. . . .Le6 26.De5! Ld7
27.Dc7 Dc8 28.Dd6 oder 26. . . .
Kh7 27.Le6: De6: 28.De6: fe 29.Kg3
Kg6 30.Kf4 weißen Vorteil. Auch
der von Tal in der Partie unternom-
mene Gegenspielversuch hat sich
als unzulänglich erwiesen.
25. . . .a5 26.Dc7 De4 27.Lf7:† Kf7:
28.Dd7:† Kg8 29.Kg3 Dd3† 30.f3
Dd2 31.b3 b5 32.De6† Kh8 33.De8†
Kh7 34.De4† Kh8 35.De8† Kh7 36.
De4† Kh8 37.a4 Dc3 38.De8† Kh7
39.De4† Kh8 40.ab cb 41.De8† Kh7
42.Db5: Dd4:
Endlich hat Schwarz den Isolani
gewonnen, aber um einen viel zu
hohen Preis: Weiß steht bereits auf
Gewinn.
43.Da5: Dd6† 44.Kf2 Dd4† 45.Ke2
Db2† 46.Dd2 Db3: 47.Dd3† Dd3:†
48.Kd3: Kg6 49.Ke4 Kf6 50.f4 h5
51.f5!, und Schwarz gab auf.

**Kapitel 2**
**Umbau der Isolani-Stellung zu**
**einer Position mit isoliertem**
**Bauernpaar**

Neben der Vereinfachung der Stellung, um einen möglichst schnellen
Übergang ins Endspiel zu erreichen,
ist auch der Umbau des gegnerischen Isolani zu einem isoliertem
Bauernpaar (bei der Bekämpfung

des Isolani) nicht weniger gebräuch-
lich. Das letztere Verfahren wird —
genau wie das vorherige — des
öfteren mit Tauschen und dem Übergang in ein vorteilhaftes Endspiel
verknüpft.

Das erste Beispiel zu diesem Thema,
dem ersten WM-Zweikampf zwischen Steinitz und Zukertort ent-
nommen, gehört zur Schachklassik.

Damengambit

*Zukertort – Steinitz*

San Luis 1886

**1.d4 d5 2.c4 e6 3.Sc3 Sf6 4.Sf3 dc**
Nach seiner Theorie hielt Steinitz
einen Isolani für eine ernsthafte
Schwäche. Daher will der Nachziehende im weißen Lager einen
Isolani bilden.
Nach modernen theoretischen Er-
kenntnissen kommt Weiß mittels
5.e4 Lb4 6.e5 Se4 7.Dc2 Dd5 8.Ld2
zu besserem Spiel.
**5.e3 c5 6.Lc4: cd**
Genauer war 6. . . .a6 7.a4 Sc6
8.0-0 Le7, wonach 9.De2 wegen
9. . . .cd 10.Td1 e5 nicht ginge.
**7.ed Le7 8.0-0 0-0 9.De2 Sbd7 10.
Lb3 Sb6**
Jetzt hat Schwarz das Feld vor
dem Bd4 unter sicherer Kontrolle
und nagelt im nächsten Zug den
weißen Isolani fest.
Für Weiß wäre hier 11.Lg5 beachtenswert, z. B. 11. . . .Sbd5 12.Se5
Da5 13.Tac1 Td8 14.Df3, und
Schwarz fällt es nicht leicht, die

Entwicklung seiner Figuren zu vollenden, da er nach 14. . . .Ld7 15.
Sd5: ed 16.Lf6: Lf6: 17.Ld5: einen
Bauern einbüßt (hingewiesen von
B. Slotnik).
**11.Lf4?! Sbd5 12.Lg3 Da5 13.Tac1
Ld7 14.Se5 Tfd8**
Den Tausch auf d7 befürchtet
Schwarz nicht, da dieser seinen
Türmen die Möglichkeit bieten würde, auf den Bd4 Druck auszuüben.
**15.Df3 Le8**
Die beste Postierung des Läufers
in derartigen Stellungen. Hier stört
er die anderen Figuren seiner Farbe
nicht und schützt gleichzeitig den
wichtigen Punkt f7.
**16.Tfe1 Tac8 17.Lh4**

Diagramm Nr. 73

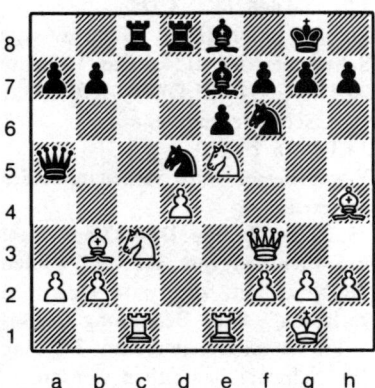

**17. . . .Sc3:!!**
An und für sich dürfte dieser Zug
die Leser überraschen, trägt er doch
zur Festigung des Bd4 bei. Doch
dabei entsteht im weißen Lager ein
noch schwächeres Glied: der Bc3.
Es wird leichter sein, diesen Schwäch-

ling anzugreifen als den Bd4. Außerdem führt der von Schwarz gewählte Zug zu einer Serie von Tauschen, die das weiße Angriffspotential schwächen würde.

**18.bc Dc7 19.Dd3 Sd5 20.Le7:?**
Sowohl mit diesem als auch mit seinen nächsten Zügen kommt Weiß dem schwarzen Vorhaben, die Stellung zu vereinfachen, entgegen. Besser wäre 20.Lg3 mit etwa ausgeglichenem Spiel gewesen.

**20. . . .De7: 21.Ld5: Td5: 22.c4**
Weiß vertreibt den Turm, schwächt aber das eigene Zentrum noch mehr. Nicht besser wäre 22.Te3 (mit der Absicht 23.Th3), weil dem Anziehenden der Schutz seiner Schwächen nach 22. . . .Da3 äußerst schwerfallen würde.

**22. . . .Tdd8 23.Te3 Dd6**
Damit unterstreicht Schwarz die Schwäche des Bd4. Die Variante 24.Th3 Dd4: 25.Dh7:† Kf8 käme jetzt Schwarz zugute.

**24.Td1 f6 25.Th3**
Etwas besser wäre vielleicht 25.Sf3 gewesen.

**25. . . .h6 26.Sg4 Df4 27.Se3 La4!**
Ein wichtiger Zug, der den weißen Turm zwingt, die erste Reihe zu verlassen. Die Bedeutung dieses Faktums wird nach dem 34. Zug von Schwarz begreiflich werden.

**28.Tf3 Dd6 29.Td2 Lc6 30.Tg3**
Nach dem Turmopfer 30.Tf6: gf 31. Dg6† Kf8 32.Df6:† Ke8 33.Sf5 ef 34.Te2† Le4 stünde Schwarz auf Gewinn. Gewisse Gegenspielchancen würde 30.d5 De5! 31.Tg3 ed 32.Dg6 bieten, obwohl die schwarze Überlegenheit auch hier nach 32.

. . .Tc7 nebst 33. . . .Le8 offensichtlich ist.

**30. . . .f5**
Die Ergebnisse von Steinitzs weitsichtiger Strategie einerseits und Zukertorts nicht sehr genauen Handlungen andererseits liegen auf der Hand: Die weißen Bc4 und Bd4 sind schwach, und vom weißen Königsflügel geht keine Angriffsgefahr aus. Schwarz droht mit 31. . . .f4 und kann außerdem mit seinem Läufer den Punkt e4 besetzen, wonach von einem weißen Angriff überhaupt keine Rede mehr sein kann.

**31.Tg6 Le4 32.Db3 Kh7! 33.c5 Tc5: 34.Te6: Tc1† 35.Sd1 Df4 36.Db2 Tb1 37.Dc3 Tc8! 38.Te4: De4:!,**
Weiß gab auf.

In der nächsten Partie hat Schwarz die Erfahrung des ersten Weltmeisters in der Behandlung derartiger Stellungen ausgewertet.

*Taimanow – Lipnitzki*

Moskau 1952

(siehe Diagramm Nr. 74)

In der Diagrammstellung lautet der 14. Zug von Schwarz
**14. . . .Sfd5!**
Im Unterschied zur Partie Botwinnik — Vidmar traf hier der Nachziehende die richtige Wahl, und zwar mit der Absicht, die Stellung durch Tausche zu vereinfachen.
**15.Lc1 Sc3: 16.bc Tc8**

Diagramm Nr. 74

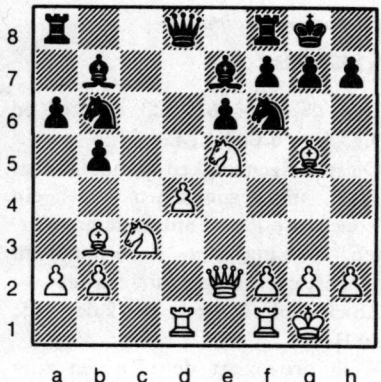

Wir wissen bereits, daß Vereinfachungen im allgemeinen Schwarz zugute kommen. Wird sich aber der Nachziehende in diesem konkreten Fall nicht verrechnen? Wird dieser Tausch nicht die Stellung des Anziehenden stärken? Ist diese Aktion also positionell begründet?
Nein, die Stellung des Anziehenden wird dieser Tausch nicht stärken! Ja, diese Aktion ist positionell begründet. Die Sache ist die, daß im weißen Lager auf der offenen c-Linie ein rückständiger Bauer entsteht, der seinem Besitzer Sorgen verursachen wird. Sollte es Schwarz gelingen, die verbliebenen Springer und die weißfeldrigen Läufer abzutauschen, so wird die Lage von Weiß sehr schwierig sein.
Stellen wir uns in Gedanken vor, daß die genannten Figuren nicht mehr auf dem Brett sind, und werfen wir auf dieses einen Blick. Es fällt sofort auf, daß ein weißer Angriff ganz und gar unmöglich ist, während

die Bauernschwächen im weißen Lager im wahrsten Sinne des Wortes hervorragen.
Wir unterstreichen, daß der Abtausch des Springers und des weißfeldrigen Läufers seitens des Nachziehenden ein rein positionelles Manöver ist, dessen Zweck darin besteht, durch die Schwächung der Felder c4 und d5 die weißen Bauern noch verwundbarer zu machen. Dabei verbleibt bei Weiß ein »schlechter« Läufer, der auf die genannten Felder keinen Zutritt hat und nur seine schwachen Bauern schützen kann.
Doch zurück zur Partie.
**17.Td3**
Ein Standard-Manöver, dem wir im Teil 1 unserer Abhandlung des öfteren begegnet sind. Weiß verlegt seinen Turm auf den Königsflügel, da er dort immer noch einen Angriff plant. Gleichzeitig schützt der Turm den Bc3. Doch der Weggang des Turms schwächt die erste Reihe, wogegen nichts zu machen ist.
**17. . . .Sd5 18.Ld2 Sf6**
Schwarz beauftragt den Springer mit dem Schutz des Königsflügels. Eventuell ist auch das Manöver Le4 möglich, um den erwünschten Tausch der weißfeldrigen Läufer herbeizuführen.
**19.Th3 b4!**
Dieser Schlag ist ebenfalls ein üblicher Griff. Nun wird der weiße Bd4 wieder zum Isolani.
**20.Td1 bc 21.Lc3: Sd5**
Ein wichtiges Manöver. Schwarz nützt den Punkt d5 als Sprungbrett für seine Figuren. Gleichzeitig wird

22. ...Lg5 mit weiteren, dem Nachziehenden zugute kommenden Vereinfachungen vorbereitet.

**22.Ld2 Lg5!**

Nach dem Zug Tf1-d1 ist f2-f4 für Weiß unmöglich. Weiß ist kaum imstande, dem Läufertausch auszuweichen. Danach wird sich die Stellung noch mehr vereinfachen. Außerdem droht dem Weißen das Eindringen des gegnerischen Turms über die offene c-Linie auf die erste Reihe, die durch den Weggang des weißen Turmes geschwächt ist.

**23.Tg3 Ld2:! 24.Dd2: Dh4**

Weiß steht eindeutig besser (Analyse von Lipnitzki).

In der Partie wählte Schwarz jedoch das schwächere 23. ...Lh4 24.Th3 Lg5 25.Dd3 f5? und fiel im Endeffekt dem weißen Angriff zum Opfer.

Der Text dieser Partie enthält folgende interessante Züge, die für derartige Stellungen typisch sind: 1.Sf6-d5 zum Abtausch der schwarzfeldrigen Läufer; 2.Le7-g5! zum selben Zweck; 3.Sdc3:! zur Bildung eines schwachen Bauern auf der offenen c-Linie.

Auch die nächste Partie, in der der spätere Trainer Karpows die weißen Steine führte, eignet sich vortrefflich für Lehrzwecke.

Damengambit

*Furman – Cholmow*

Kiew 1954

**1.d4 d5 2.c4 e6 3.Sf3 c5 4.cd ed 5.g3 Sc6 6.Lg2 Lg4?**

Diese Ungenauigkeit ermöglicht es Weiß, im gegnerischen Lager ein isoliertes oder — mit anderen Worten — »hängendes« Bauernpaar im gegnerischen Lager zu schaffen.

**7.Se5 Le6 8.Sc6:! bc 9.dc Lc5: 10.Dc2**

Weiß provoziert den Rivalen zum Zug Db6, um später mittels Sc3-a4 ein Tempo zu gewinnen.

**10. ...Db6 11.0-0 Se7 12.Sc3 Ld4 13.b3!**

Ein starker Zug, mit dem Weiß die Blockade des schwarzen Bauernpaares c6 und d5 vorbereitet. Nach 13. ...Lc3: 14.Dc3: liegt der Bg7 unter dem Feuer der Dame, so daß Weiß Zeit für 15.La3 gewinnt und den Schlüsselpunkt c5 unter seine Kontrolle nimmt.

**13. ...Tc8 14.Lb2 Da5 15.Tfd1 Lf6 16.Dd2 Dd8 17.Sa4 Lb2: 18.Db2: 0-0 19.Tac1**

(siehe Diagramm Nr. 75)

Eine Lehrbuch-Stellung. Weiß beabsichtigt die Verdoppelung seiner Türme auf der c-Linie und die Verstärkung seines Dranges durch den Vormarsch des b- bzw. e-Bauern.

**19. ...Te8 20.Tc5 h5 21.Dd2 Sg6**

Schwarz sucht am Königsflügel Gegenchancen und ist daher bereit, sogar den Bc6 zu opfern. Für den

Diagramm Nr. 75

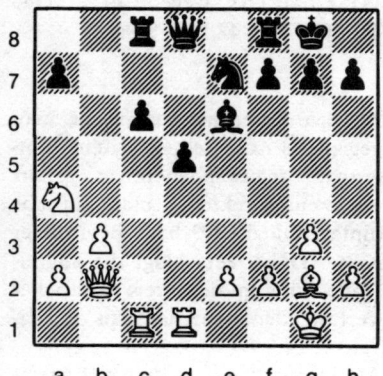

Nachziehenden wäre es ratsamer, sich auf eine sichere Defensive zu beschränken.

**22.Tdc1 h4 23.Tc6: Tc6: 24.Tc6: h3 25.Lf1 d4 26.Tc5 Dd6 27.Dg5 Dd7 28.Sb2 Se7 29.Sd3 f6 30.Df4 Lf5** Eine Mausefalle! Falls **31.Tc7?**, so **31. . . .Sd5!** 32. Td7: Sf4: 33.Td4: Se2:†, und Schwarz gewinnt. **31.Tc4 Sc6** Um den Bd4 nicht zu verlieren, gibt Schwarz zwei Figuren für den Turm her, erhält jedoch keine ausreichende Kompensation. **32.Tc6: Dc6: 33.Df5: Te2: 34.Dh3: De6 35.De6:† Te6: 36.Sf4 Te1 37. Kg2 Kf7 38.Lc4† Ke7 39.Kf3 Kd6 40.Sd3 Te7 41.h4 a5 42.a4 Te8 43. h5 Th8 44.g4,** Schwarz gab auf.

Die Blockade des »hängenden« Bauernpaares, die sich beim Umbau der Isolani-Stellung herausbildet, ist vom strategischen Gesichtspunkt her dermaßen vorteilhaft, daß man um dieses Vorteils willen nicht selten Material — zumeist Bauern — bereitwillig opfert. Hierfür ein typisches Beispiel.

Nimzowitsch-Verteidigung

*Taimanow – Karpow*

Moskau 1973

**1.d4 Sf6 2.c4 e6 3.Sc3 Lb4 4.e3 c5 5.Ld3 0-0 6.Sf3 d5 7.0-0 dc 8.Lc4: cd 9.ed b6 10.De2** Aussichtsreicher war 10.Lg5 Lb7 11.Tc1, z. B. 11. . . .h6 12.Lh4 Sbd7 13.Te1 Tc8 14.Ld3 Lc3: (besser dürfte 13. . . .Le7 sein) 15.bc De7 16.c4!, und die Beweglichkeit des »hängenden« Bauernpaares gewährt dem Anziehenden besseres Spiel, Gligoric — Marjanovic,Vrbac 1982. **10. . . .Lb7 11.Td1 Sbd7 12.Ld2 Tc8 13.La6 La6: 14.Da6: Lc3: 15.bc Tc7 16.Tac1 Dc8 17.Da4**

Diagramm Nr. 76

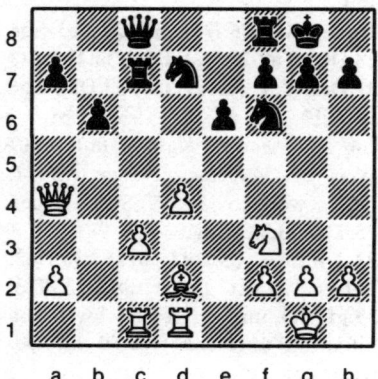

Die schwarze Strategie sieht die Beschränkung oder gar die vollständige Lähmung des weißen Bauernpaares Bc3† Bd4 vor. Schwarz erwog zuerst die Variante 17. . . .Db7 18.c4 Tfc8 19.Lf4 Tc6 20.h3 a6 21.Db3 b5 22.c5, kam jedoch zum Schluß, daß hier der Preis des erreichten Ziels etwas zu hoch sei: Der weiße Bc4 wird zum Freibauern, während die Manövrierfreiheit der schwarzen Figuren begrenzt ist. Daher entschloß sich der Nachziehende für eine andere Fortsetzung.

**17. . . .Tc4! 18.Da7: Dc6 19.Da3 Tc8 20.h3 h6 21.Tb1 Ta4 22.Db3 Sd5 23.Tdc1 Tc4 24.Tb2 f6!**

Um den Preis eines Bauern hat Schwarz sein Ziel erreicht, wobei er ausgezeichnet steht. Im letzten Zug verzichtete der Nachziehende auf das Nehmen des Bc3, weil eine solche Handlung am wahrscheinlichsten Remis ergeben hätte. Statt dessen plant Schwarz die Überführung des Sd7 auf den Königsflügel, wo er auf dem Punkt h4 postiert werden soll.

**25.Te1 Kf7 26.Dd1 Sf8 27.Tb3 Sg6 28.Db1 Ta8 29.Te4 Tca4 30.Tb2 Sf8 31.Dd3 Tc4 32.Te1 Ta3 33.Db1 Sg6 34.Tc1?**

Im spannenden Kampf unterläuft Weiß ein Versehen. Besser war 34. Dd3, wonach 34. . . .Sc3: wegen 35.Tb3 nicht ginge.

**34. . . .Sc3: 35.Dd3 Se2† 36.De2: Tc1:† 37.Lc1: Dc1:† 38.Kh2 Tf3: 39.gf Sh4,** und in dieser schwierigen Situation überschritt Weiß die Bedenkzeit.

Alle sichtbaren weißen Erwiderungen sind schlecht: 40.Tb6: wegen 40. . . .Dc7†, 40.Kg3 wegen 40. . . . Dg5†, 40.Tb3 wegen 40. . . .Dg5 41.Df1 Df4† 42.Kg1 Sf3:†.

Zu den Kampfmethoden, die man gegen das isolierte gegnerische Bauernpaar anzuwenden pflegt, gehört auch ein direkter Schlag auf das hintere Glied (Bc3 bzw. Bc6) dieser Kette. Dabei zerschlägt die angreifende Seite um den Preis materieller Verluste den Bauernaufbau des Rivalen.

Als klassisch gilt in dieser Hinsicht folgendes Beispiel.

Englisch

*Petrosjan – Smyslow*

Moskau 1961

**1.c4 Sf6 2.Sc3 b6 3.d3 c5 4.Sf3 Sc6 5.Lg5 e6 6.e3 Le7 7.d4 h6 8.Lf4 cd 9.ed Lb4 10.Ld3 0-0 11.0-0 d5 12.cd Sd5:**

Auf dem Brett ist eine typische Stellung mit zentralisiertem weißem Isolani entstanden. Wie wir bereits wissen, beruht in solchen Fällen der weitere Spielplan des Anziehenden auf einem Angriff am Königsflügel.

**13.Dc1 Lc3:**

Auch dieses Verfahren ist uns bekannt. Schwarz wandelt die weiße Isolani-Stellung in eine solche mit isoliertem Bauernpaar um.

**14.bc Df6 15.Ld2 Lb7**

Auf 16.Sg5 verfügt jetzt Schwarz über den Gegenschlag 16. . . .Sc3:! 17.Dc3: hg.

**16.Te1 Tac8**
Falls jetzt 17.Sg5, so 17. . . .Sd4:
18.Sh7 Sf3† 19.gf Df3: 20.Le4 Dg4†
21.Kh1 f5 22.f3 Dh3 23.Sf8: fe 24.
fe Tf8:, und der schwarze Angriff
ist nicht abzuschlagen (Analyse von
W. Smyslow).
**17.Te4 Scb4 18.Lb1**

Diagramm Nr. 77

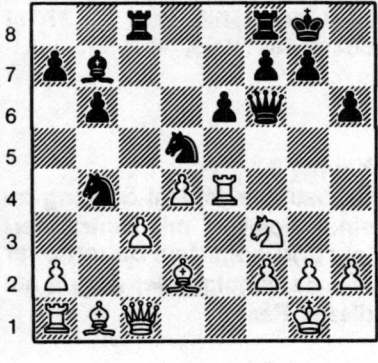

Wegen der ungünstigen Anordnung
der weißen Figuren am Damenflügel
(wir bitten den Leser, diesem Umstand besondere Aufmerksamkeit zu
schenken) ist für Schwarz folgende
schöne Kombination möglich geworden:
**18. . . .Tc3:!! 19.Lc3: Tc8**
Unvermeidlich sind für Weiß materielle Verluste bei 20.Te3 Se3: 21.
De3: Sd5 22.Dd3 Sc3: 23.Dh7† Kf8
24.Se5 Se2† 25.Kf1 Sd4:!
**20.De1 Sc3: 21.Te3 Sbd5 22.Le4 Se4:
23.Te4: Sb4!** (drohend Sc2).
Weiß sucht seine Rettung in Kom-
plikationen, bleibt jedoch ohne Erfolg.

**24.Te6: f3 25.Db4: Lf3: 26.gf Df3:
27.Dd6 Dg4† 28.Kf1 Tc4**
Schwarz besitzt einen Mehrbauern
und steht allgemein besser. Dank
genauen Spieles ließ sich Smyslow
den Sieg nicht mehr nehmen.
**29.Te1 Td4: 30.De6:† De6: 31.Te6:
Ta4 32.Te2 Kf7 33.f3 b5 34.Kf2 Kf6
35.Kg3 g5 36.h3 h5 37.Kg2 h4 38.
Kf2 Ta3 39.Kg2 b4 40.Kf2 a5 41.Kg2
Tc3**, Weiß gab auf.
Bei 42.Kf2 würde Schwarz mittels
42. . . .Tc5 und weiterem Vormarsch
seiner a- und b-Bauern den Kampf
entscheiden.

Nicht weniger überzeugend ist auch
das nächste Beispiel.

Damengambit

*Paulsson – Farago*

Gausdal 1976

**1.d4 e6 2.Sf3 Sf6 3.c4 d5 4.Sc3 c5
5.cd Sd5: 6.e3 Sc6 7.Lc4**
Mit der Drohung 8.Ld5: ed 9.dc er-
zwingt Weiß für sich eine Isolani-
Stellung.
**7. . . .cd 8.ed Le7 9.0-0 0-0 10.Te1
Sc3: 11.bc b6 12.Ld3 Lb7 13.Dc2 g6
14.Dd2 Lf6 15.h4 Tc8**
Schlecht ist 15. . . .Lh4: wegen 16.
Dh6 Lf6 17.Sg5 Lg5: 18.Lg5: f6 19.
Lg6:!.
**16.h5?!**

(siehe Diagramm Nr. 78, S. 78)

Diagramm Nr. 78

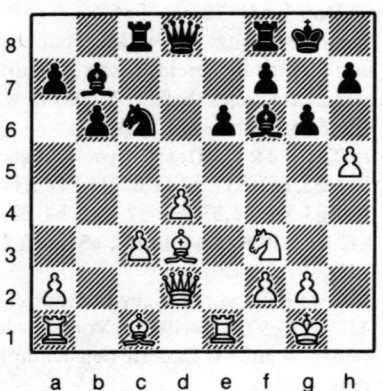

Bis zu diesem Zeitpunkt schrieb die Theorie in der Diagrammstellung 16. . . .Sa5 17.Se5 Le5: 18.Te5: Sc4 19.Lc4: Tc4: mit geringem weißem Vorteil vor. Doch der ungarische Großmeister Farago wartete mit einer Neuerung auf . . .

**16. . . .Sd4:!!**
Ein überraschender und effektvoller Schlag. Falls jetzt 17.cd, so gewinnt Schwarz nach 17. . . .Lf3: 18.gf Ld4: 19.La3 (schlecht ist 19.Tb1 wegen 19. . . .Lc3) 19. . . .Lc3! 20.De3 La1: 21.Ta1: (oder — nach der Analyse von M. Dworetzki — 21.Lf8: Lc3! 22.Tc1 Df8: 23.La6 Db4! 24. Lc8: Ld2) 21. . . .Tc3. Auch 20.De2 Dg5† 21.Kf1 Dh5: ergibt einen äußerst starken schwarzen Angriff.
**17.Sd4: Tc3:!!**
Ein weiterer wichtiger Schlag, mit dem Schwarz auch das zweite Glied des »hängenden« weißen Bauernpaares vernichtet.
**18.Dc3: Ld4: 19.Dc2**

Nicht besser ist 19.Dd2 La1: 20.La3 wegen 20. . . .Dd5.
**19. . . .La1: 20.La3 Dg5 21.Le4 Tc8 22.De2 Le4:**
Schwarz hat das geopferte Material »mit Zinsen« zurückgewonnen. Zwei Mehrbauern in seinem Besitz lassen keine Zweifel über den Ausgang der Partie aufkommen.
**23.De4: Lg7 24.Db7 Dd8 25.hg hg 26.Da7: Dd2 27.Te3 Dd1† 28.Kh2 Dh5† 29.Kg1 Le5 30.g3 Td8 31.Te1 Ld4 32.Db7? Da5, Weiß gab auf.**

## Kapitel 3
## Umbau der Isolani-Stellung zu einer Position mit zentralisiertem und isoliertem Bauernpaar und darauffolgender Angriff auf dieses Paar

Dieses Verfahren kommt am häufigsten in der Tarrasch-Verteidigung vor.
Weiß tauscht seinen Sd4, der vor dem gegnerischen Bd5 postiert ist, für den weißen Le6 ab. Worin besteht der Sinn dieses Tausches? Ob Weiß damit einen Fehler begeht? Auf den ersten Blick dürfte diese Aktion in der Tat dem Nachziehenden zugute kommen: Sein Bd5 ist kein Isolani mehr, sein Zentrum wird gefestigt, die wichtige f-Linie wird offen.
Aber auch Weiß erlangt durch dieses Vorgehen wichtige Trümpfe. Da ist vor allem ein höchst aktives Läuferpaar. Außerdem steht dem Weißen

die Sprengung des gegnerischen Zentrums mittels e4! in Aussicht, wonach der schwarze d-Bauer zur ausgesprochenen Schwäche wird. Hinzu kommt die Möglichkeit, auf den geschwächten weißen Feldern am gegnerischen Königsflügel aktives Spiel zu erhalten (ein Beispiel liefert hierzu die Partie Karpow — Kasparow, S. 82).

Die folgende Partie, in der Weiß auf seine Rechnung gekommen ist, veranschaulicht die Gefahren, die bei der Verwirklichung des beschriebenen Plans auf Schwarz lauern.

**Damengambit**

*Stein – Parma*

Moskau 1971

**1.c4 c5 2.Sf3 Sc6 3.Sc3 Sf6 4.g3 e6 5.Lg2 Le7 6.0-0 0-0 7.d4 d5 8.dc Lc5: 9.cd ed**
Die Partie hat auf einem Umweg die Grundstellung der Tarrasch-Verteidigung erreicht.
**10.Sa4 Le7 11.Le3 Te8**
Wahrscheinlich hatte Weiß bei der Wahl seines 11. Zuges 12.Lc5 im Sinn, aber danach würde 12. . . . Lc5: 13.Sc5: De7! geschehen.
**12.Tc1 Lg4 13.h3**
Nach 13.Lc5 Se4! 14.Le7: De7: 15.h3 (15.Dd5:? Tad8 16.Db5 Lf3:) 15. . . . Lh5 stünde Schwarz akzeptabel.
**13. . . .Le6**
Die Fortsetzung 13. . . .Lf3: 14.Lf3: Dd7 15.Lg2 d4 16.Lg5 Se4! 17.Le7: De7: würde der Lehre vom Angriffs-

potential der Isolani-Stellungen (siehe Teil 1) in stärkerem Maße entsprechen (hingewiesen von E. Gufeld und E. Lasarew).
**14.Sd4 Se5 15.b3 Dd7 16.Se6:**

Diagramm Nr. 79

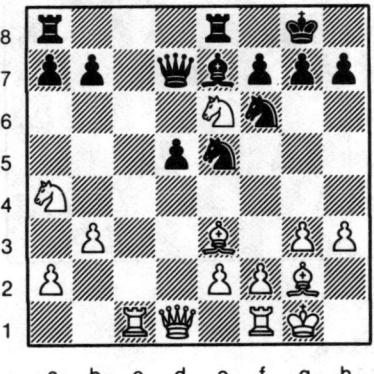

Weiß ist im Besitz seines Läuferpaares geblieben und kann mit der Möglichkeit rechnen, das gegnerische Zentrum mittels e3-e4 zu sprengen. Der weitere Verlauf der Partie ist sehr lehrreich.
**16. . . .fe 17.Sc5 Lc5: 18.Tc5: b6 19.Tc3 Sf7 20.Dc2 Tac8 21.Tc1 Sd6 22.Lf4 Tc3: 23.Dc3: Tc8 24.Db2 Sf7**
Zweckmäßiger war 24. . . .Tc1:†
25.Dc1: Sfe4, da in derartigen Stellungen der Tausch von Schwerfiguren derjenigen Seite zugute kommt, die sich verteidigen muß.
**25.Td1! De7 26.g4 h6 27.Lg3 Dc5 28.Tf1 a5 29.e3 Dc3 30.De2 Se4 31.Lh2 Dc6 32.h4 Sf6 33.Lf4 Dc2?!**
Während Weiß feine und zweckmäßige Manöver ausführt, verliert Schwarz gänzlich den Faden. Zäher

wäre 33. . . .e5 34.Lg3 De6 gewesen.
**34.Da6 Dc6**

Diagramm Nr. 80

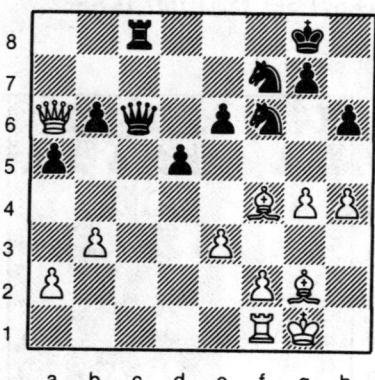

**35.e4!**
Nun ist es zum programmatischen
Vormarsch im Zentrum gekommen.
**35. . . .Ta8 36.ed ed 37.Dd3**
Jetzt ist der Bd5 im wahrsten Sinne
des Wortes schwach, und Schwarz
wird ihn nicht lange halten können.
**37. . . .De6 38.g5! hg 39.hg Se4 40.
Lh3! Dg6 41.Dd5: Td8 42.De6**
Weiß unterbindet jegliche schwarzen
Gegenspielversuche. Der weitere
Gang der Ereignisse ist selbstver-
ständlich.
**42. . . .De6: 43.Le6: Kf8 44.Lc4!
Te8 45.Le3 Seg5: 46.Lb6: a4 47.Lc5†
Kg8 48.f4 Se4 49.Te1 ab 50.ab g5
51.Ld5 Sf6 52.Te8:† Se8: 53.fg Kg7
54.Lf7:, Schwarz gab auf.**

Interessant war die Auslegung der
Idee Se6: und e2-e4 in der ersten
Partie des WM-Kandidatenfinales
Smyslow — Kasparow.

Damengambit

*Smyslow – Kasparow*

Wilna 1984

**1.d4 d5 2.Sf3 c5 3.c4 e6 4.cd ed 5.g3
Sf6 6.Lg2 Le7 7.0-0 0-0 8.Sc3 Sc6
9.Lg5 cd 10.Sd4: h6 11.Le3 Te8
12.a3 Le6 13.Kh1!**

Diagramm Nr. 81

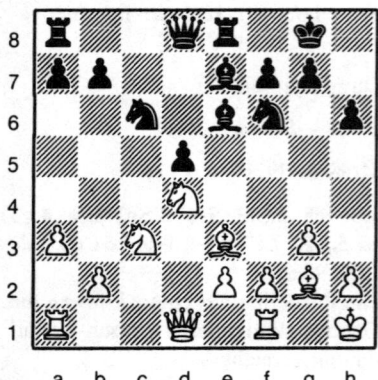

Ein gründlich durchdachter Plan. Es
ist offensichtlich, daß für Weiß Se6:
fe, d. h. »die Umbildung der gegnerischen Isolani-Stellung in eine Position mit zentralisiertem und isoliertem schwarzem Bauernpaar (Bd5†
Bd6)«, auf der Tagesordnung steht.
Danach soll das schwarze Zentrum
mittels f4-f5 und e2-e4 »gerammt«
werden. Zur Unterstützung dieser
Aktion benötigt der schwarzfeld-

rige Läufer eine bequeme Postierung auf g1, die ihm jetzt der König durch seinen Übergang auf das Feld h1 ermöglicht.

**13. . . .Dd7?!**

Merkwürdigerweise kommt Schwarz dem Vorhaben des Rivalen entgegen. Beträchtlich stärker, nämlich 13. . . .Lg4!, zog Schwarz in der 8. Partie desselben Zweikampfes.

**14.Se6: fe 15.f4! Ted8!**

Bei 15. . . .d4 würde 16.Se4! geschehen. Nicht zweckmäßig wäre auch 15. . . .Tad8 gewesen, da der andere schwarze Turm auf dem Feld e5 nichts zu tun hat.

**16.Lg1 Tac8 17.Da4 Kh8 18.Tad1 De8 19.e4 d4!**

Schwarz verteidigt sich vorzüglich, so daß es dem Anziehenden nicht leichtfällt, seine Pläne zu verwirklichen. Falls z. B. 20.Ld4:?, so 20. . . .b5!.

**20.Se2 Lc5 21.Db5 Lb6 22.h3!**

Ein sehr starker Zug, der Schwarz daran hindert, seinen Springer über h4 auf den Punkt e3 zu versetzen. Für den Nachziehenden wäre diese Möglichkeit wertvoll gewesen. Nicht überzeugend hingegen ist das von manchen Experten vorgeschlagene 22.e5 Sg4 23.Lf3 Se3 24.Le3: de 25.Td6, weil Schwarz nach 25. . . . Td6: 26.ed Td8 27.Td1 e5! 28.Lc6: bc 29.De5: Dg6 zu ausgezeichnetem Gegenspiel käme (Analyse von G. Kasparow).

**22. . . .e5! 23.fe?!**

Hier handelte Weiß übereilt. Im Bestreben, die Vorteile seiner Stellung so schnell wie möglich in greifbare Ergebnisse umzusetzen, entspannt

Weiß die Situation im Zentrum, was er nicht tun sollte. Viel aussichtsreicher waren für ihn 23.Lh2! und g3-g4, wonach der verstärkte weiße Druck dem Nachziehenden zahlreiche ernsthafte Probleme verursacht hätte (Analyse von G. Kasparow).

**23. . . .Se5: 24.De8: † Te8: 25.Sd4: Sc4 26.e5!**

Dank des Läuferpaars bleibt Weiß auch im weiteren Verlauf der Partie am Ruder.

**26. . . .Te5: 27.Lb7: Tc7 28.Tc1! Sb2:! 29.Tc7: Lc7: 30.Sc6 Te2!**

Bei der nachträglichen Analyse gab Kasparow zu, daß in diesem Stadium der Partie seine einzige Rettungschance in größter Aktivität bestand. Auf 30. . . .Tb5? würde die starke Antwort 31.Lc8! erfolgen, und falls 31. . . .Se4, so wäre nach 32.Tf8† Kh7 33.Kg2! die Lage von Schwarz schwierig gewesen.

**31.Sd4**

Falls 31.Sa7:, so 31. . . .Sh5!

**31. . . .Te5 32.Sf5!.**

Mit den wenigen auf dem Brett verbliebenen Kräften unternimmt Weiß einen Königsangriff.

**32. . . .Lb6! 33.Sh6: Ta5! 34.Lb6: ab 35.Sf5 Ta3: 36.Kh2 Sc4 37.g4 Ta7! 38.Lh1 Se5 39.g5?!**

Es dürfte kaum zweckmäßig sein, dem schwarzen Springer die Postierung auf h5 zu ermöglichen.

**39. . . .Sh5 40.Te1 Ta5**

Hier blieb die Partie hängen. Noch vor der Wiederaufnahme der Partie einigten sich die Rivalen auf Remis. Dabei war Smyslows Abgabezug, der 41.Sd6! lautete, am stärksten.

Im großen und ganzen wirft die vorstehende Partie ein starkes Licht auf die gesamte Problematik des zentralisierten Isolani.

Im nächsten Duell ist es dem Anziehenden durch feines Spiel gelungen, jenen geringen Vorteil zu verwerten, den ihm der bekannte Zug Se6:! eingebracht hatte, nämlich die Schwächung der weißen Felder am schwarzen Königsflügel.

Damengambit

*Karpow – Kasparow*

Moskau 1985

1.d4 d5 2.c4 e6 3.Sc3 Le7 4.Sf3 Sf6 5.Lg5 h6 6.Lf6: Lf6: 7.e3 0-0 8.Dc2 Sa6!?
Eine neue Fortsetzung. Früher war 8. . . .c5 üblich, und nach 9.dc pflegte man entweder 9. . . .Sc6 oder 9. . . .dc zu wählen.
9.Td1 c5 10.dc Da5 11.cd Sc5: 12. Dd2
Gefährlich ist 12.de, weil Weiß nach 12. . . .Le6: stark in der Entwicklung zurückbleibt.
12. . . .Td8 13.Sd4! ed 14.Le2

Diagramm Nr. 82

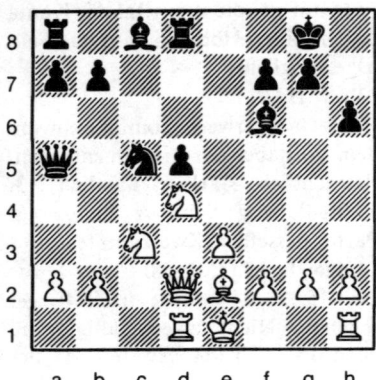

Auf dem Brett ist eine Standardstellung mit schwarzem Bd5 als Isolani entstanden. Weiß beabsichtigt, nach der Mobilmachung seiner Kräfte den Bd5 mittels Lf3 usw. zu belagern. Aber dank gutem Entwicklungsstand verfügt Schwarz über ausreichendes Gegenspiel.
**14. . . .Db6**
Schwarz verfügt hier über den üblichen Durchbruchplan d5-d4, der zu Vereinfachungen und annäherndem Spielausgleich führt, z. B. 14. . . .Se6 15.Sb3 Lc3: 16.Sa5: Ld2:† 17.Td2: d4. Doch Kasparow gab einem komplizierteren Kampf den Vorzug.
**15.0-0 Se4 16.Dc2 Sc3: 17.Dc3: Le6 18.Dc2!**
Weiß beabsichtigt, seine Dame von der c-Linie zu entfernen. Gleichzeitig hört auch die Fesselung des Sd4 auf, was sich, wie wir später sehen werden, noch auswirken wird.
**18. . . .Tac8 19.Db1 Tc7 20.Td2 Tdc8**

Diagramm Nr. 83

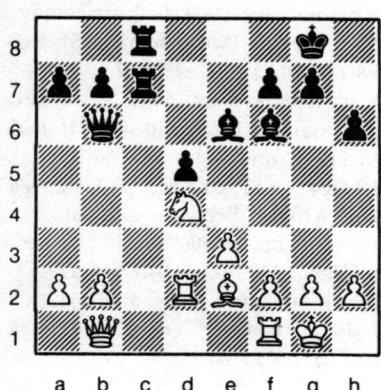

Alles ist logisch. Schwarz hat die c-Linie okkupiert und ordnet auf ihr aktiv seine Kräfte an. Doch das darauffolgende Manöver des Rivalen hat er entweder unterschätzt oder übersehen . . .

**21.Se6:! fe**
Der Charakter des Kampfes hat sich geändert. Auf dem Brett sind Läufer unterschiedlicher Farbe verblieben. Die weißen Felder am schwarzen Königsflügel sind schwach, die schwarze Bauerninsel im Zentrum verwundbar. Daher ist der weiße Läufer gefährlicher als sein schwarzer »Kollege«.

**22.Lg4 Tc4 23.h3 Dc6 24.Dd3 Kh8 25.Tfd1 a5**
Genauer dürfte 25. . . .Tc1 mit Vereinfachungen sein.

**26.b3 Tc3 27.De2 Tf8 28.Lh5!**
Der weiße Läufer begibt sich auf die geschwächte Diagonale b1-h7. Wir empfehlen dem Leser, sich die weiteren feinen Manöver des Anziehenden genau zu merken.

**28. . . .Ld8 29.Lg6 b5 30.Ld3 b4 31.Dg4 De8**

Diagramm Nr. 84

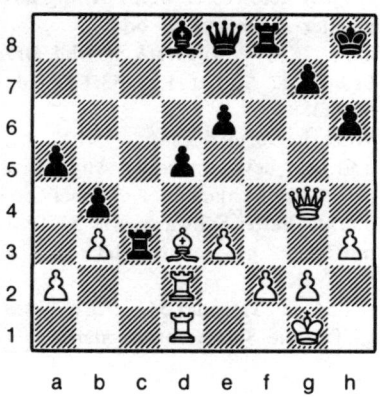

**32.e4!**
Abermals ein bekannter Zug. Weiß »rüttelt« das schwarze Bauernzentrum locker.

**32. . . .Lg5 33.Tc2 Tc2: 34.Lc2: Dc6 35.De2 Dc5 36.Tf1 Dc3 37.ed ed 38.Lb1!**
Der zeitweiligen weißen Initiative ist der Atem ausgegangen, während die Schwächen im Lager des Nachziehenden noch deutlicher geworden sind.

**38. . . .Dd2 39.De5 Td8 40.Df5 Kg8 41.De6† Kh8 42.Dg6 Kg8 43.De6† Kh8 44.Lf5**
Weiß droht jetzt mit 45.Te1. Als sich der weiße Läufer noch nicht auf der f-Linie befand, konnte der Turm seinen Posten auf dem Punkt f1 wegen 44. . . .Tf8 nicht verlassen.

**44. . . .Dc3 45.Dg6 Kg8 46.Le6† Kh8 47.Lf5 Kg8 48.g3**

Da dem Rivalen jegliches Gegenspiel fehlt, erlaubt sich Weiß, die Stellungen seiner Figuren ohne Hast zu festigen. Für den entscheidenden Angriff gehört der weiße König auf g2, der Turm auf e3 oder f3.

**48. . . .Kf8 49.Kg2 Df6 50.Dh7 Df7 51.h4 Ld2 52.Td1 Lc3 53.Td3 Td6 54.Tf3!**

Weiß hat seinen Plan verwirklicht, und sein bevorstehender Angriff ist nicht abzuschlagen. Nebenbei bemerkt, hätte Schwarz auf 54.Te3? mit 54. . . .g5! geantwortet.

**54. . . .Ke7**

Bei 54. . . .Tf6 oder 54. . . .Lf6 hätte 55.Te3 die Sache entschieden.

**55.Dh8!**

Abermals die stärkste Fortsetzung.

**55. . . .d4 56.Dc8 Tf6 57.Dc5† Ke8 58.Tf4 Db7† 59.Te4† Kf7**

Scharfsinnig sieht 59. . . .Te6 aus, aber danach geschieht 60.Dc4! Te4: 61.Dg8†, und Weiß gewinnt.

**60.Dc4† Kf8 61.Lh7! Tf7 62.De6 Dd7 63.De5,** Schwarz gab auf.

Es ist nichts zu machen: Bei 63. . . . Te7 geht alles nach 64.Df4† Tf7 65. Db8† zu Ende, falls aber 63. . . . Dd8, so 64.Dc5† Te7 65.Tf4† Ke8 66.Dc6† Dd7 67.Lg6†.

# Anhang

(zusammengestellt von Theo Schuster)

Daß Stellungen mit einem Isolani im Zentrum in der gegenwärtigen Turnierpraxis populär sind, beweisen die hier folgenden Beispiele.

## Abgelehntes Damengambit

*Kasparow – Karpow*

18. Partie, WM-Kampf 1987

Bis zum 18. Zug wurde dieselbe Eröffnung in diesen Partien der vorhergehenden Wettkämpfe gespielt: 38., 39. und 42. Partie des 1. Wettkampfes (fortgesetzt mit 18.a4), 8. Partie des 2. Wettkampfes mit 18.Lc6:. Alle diese Partien endeten mit Remis in 20 bis 49 Zügen. Als Kuriosum sei vermerkt, daß in der 38. Partie Kasparow mit Weiß spielte, in der 39. Partie Karpow dann dieselben ersten 18 Züge mit Weiß übte, die eine Partie vorher Kasparow mit Weiß gespielt hatte! 1.c4 e6 2.Sc3 d5 3.d4 Le7 4.Sf3 Sf6 5.Lg5 h6 6.Lh4 0-0 7.e3 b6 8.Le2 Lb7 9.Lf6: Lf6: 10.cd5: ed5: 11.b4 c5 12.bc5: bc5:

(siehe Diagramm Nr. 85)

Diagramm Nr. 85

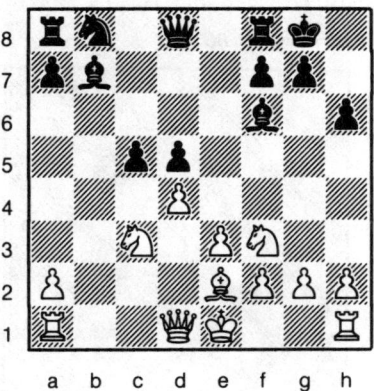

Der Gegenstoß mit 11. . . .c7-c5 befreit das schwarze Spiel. Die offenen Linien und das Läuferpaar verbürgen Schwarz gleiche Chancen.
13.Tb1 Lc6 14.0-0 Sd7 15.Lb5 Dc7 16.Dd3 Tfc8 17.Tfc1 Tab8
Da wären wir also wieder! Wie 1984 und 1986. Nun die Abwendung von den früher gespielten Partien — Luftlöcher werden gemacht.
18.h3 g6 19. Lc6: Tb1: 20. Db1: Dc6: 21.dc5: Dc5: 22.Se2 Df8 23.h4 Se5 24.Se5: Le5: 25.Td1 Dc5 26.h5 Dc2 27.Dc2: Tc2:

Von hier bis zum 32. Zug sieht Kasparow die Folgen des Turmendspiels genau voraus: Er lenkt in ein Turmendspiel ein, das zunächst wie eine Flucht nach vorne aussieht, aber ganz am Ende bei einem minimalen Vorteil von Weiß mit Remis abschließt.
**28.Td5: Te2: 29.Te5: Ta2: 30.hg6: fg6: 31.Te7 a5 32.Ta7 a4 33.g3 h5 34.Kg2 a3 35.e4 g5**
Auch der weiße Freibauer beginnt zu arbeiten, das Ergebnis des Turmendspiels steht vom 31. Zug an fest.

Diagramm Nr. 86

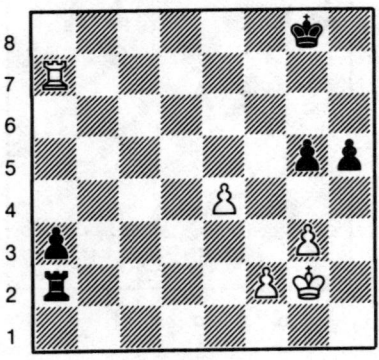

Kein Fehler von Schwarz, sondern das richtige Manöver, man sehe:
**36.Ta5 g4! 37.Th5: Te2 38.Tg5†** Kf7 und 39.Tg4: darf wegen a2/a1D nicht geschehen. Falls aber 39.Ta5, so a2 40.Kf1 Tb2!, und Weiß gerät nach 41.Kg2 (erzwungen) Ke6! in fatalen Zugzwang trotz Mehrbauer (z. B.: 42.e5 Kf5, Be5 fällt, der sK wandert nach b1).
**36.Kf3! g4† 37.Ke3 Ta1 38.Kf4** 38.f3? a2! 39.Kf4 gf3: ∓.

**38. . . .Tf1 39.Kg5 Tf2: 40.Kh5: Te2** Remis nach etwa 41.Kg4: Te4:† 42. Kf3 Tb4 43.Ta3: Kg7 =.

Englisch/Bremer Partie

*Karpow – Kortschnoi*

1. Weltcupturnier, Brüssel 1988

Schwarz verbleibt nach dem 9. Zug mit dem Isolani auf d5. In dem Endspiel mit Belagerung des isolierten Bd5 »massiert« der Exweltmeister seinen Gegner so lange, bis dieser einen Bock schießt — einen Fehler übrigens, den viele Spieler in dieser Stellung ebenfalls gemacht hätten.
**1.Sf3 Sf6 2.c4 c5 3.Sc3 Sc6 4.d4 cd4: 5.Sd4: e6 6.g3 Db6 7.Sb3 d5 8.cd5: Sd5: 9.Sd5: ed5: 10.Lg2**
Natürlich nicht Wegnahme des Bd5 durch 10.Dd5:? wegen Le6 mit überwältigendem Entwicklungsvorsprung für Schwarz.
**10. . . .Le6 11.0-0 Td8 12.Lg5 f6 13.Ld2 Le7 14.Lc3 0-0 15.Sd4 Sd4: 16.Dd4: Lc5 17. Dd2 Dd6 18.b4 Lb6 19.Ld4 Lf5 20.Tac1 Le4 21.Lh3 Tfe8 22.Tfd1 Te7 23.a3 Kf8 24.Db2 Tc7 25.Tc7: Dc7: 26.Td2 Td6 27.Lg2 Te6 28.e3 Ke7 29.h4 a6 30.Lb6: Db6: 31.Td1 Dc7 32.Dd4 Dc4 33. Da7 Dc7 34.Td4**

(s. Diagramm Nr. 87, S. 87)

Richtig sollte Schwarz die Läufer tauschen (34. . . .Lg2: 35.Kg2: Td6 usw.).
**34. . . .Kf7? 35.Td5:!**
Das hatte Kortschnoi übersehen, während Karpow die Finesse erkannte.

Diagramm Nr. 87

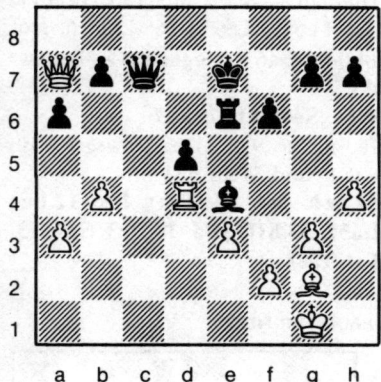

Diagramm Nr. 88

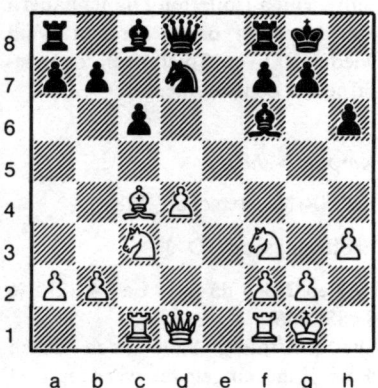

**35. . . .Lg2: 36.Kg2: Dc6 37.Dc5 Dc5: 38.Tc5:**
Und Schwarz mußte das Turmendspiel im 60. Zug verloren geben.

## Eine Standardvariante mit dem weißen Isolani d4

In den drei WM-Zweikämpfen Kasparow — Karpow wurde ein Hauptspiel des Abgelehnten Damengambits geübt, das heute zum festen Bestandteil der Schachtheorie gehört (übrigens mit dem Code D 55 bezeichnet).

*Browne – Martinowski*

New York-Open 1988

**1. d4 Sf6 2.c4 e6 3.Sf3 d5 4.Sc3 Le7 5.Lg5 h6 6.Lf6: Lf6: 7.e3 0-0 8.Tc1 c6 9.Ld3 Sd7 10.0-0 dc4: 11. Lc4: e5**
Die Alternative heißt 11. . . .c5 usw.
**12.h3 ed4: 13.ed4:**

Der isolierte Bd4 erweist sich keineswegs als schwach oder schutzbedürftig, sondern als die zentrale Stütze für das Zentralfeld e5.
**13. . . .Sb6 14.Lb3 Lf5 15.Te1 a5 16.Se5! Sd7**
Die früher gespielte Alternative lautet: 16. . . .Le5: 17.Te5: Lg6 18.a3 Dd6 19.Dg4 Sd7 20.Te3 mit den folgenden Abweichungen:
a) 20. . . .Kh8 21.De2 Sf6 22.Td1 Tfe8 23.Te5;
b) 20. . . .Tae8 21.Tce1 Te3: 22. Te3: Kh8 23.Se2 Sf6 24.Df4 Dd8. Beide Male mit Ausgleich.
**17.Df3 Lh7 18.Tcd1 Dc7 19.Dg3 Le5: 20.de5: Sc5 =**
Remis im 62. Zug.

## Abtauschvariante des Damengambits

In einer vielgespielten Variante des Abgelehnten Damengambits mit dem Tausch der Bauern auf d5 schafft sich Weiß im 8. Zug mit e2-e4 selbst einen isolierten Damenbauern auf d4. Aber damit erreicht Weiß wieder aktives Spiel nach den geöffneten Zentrallinien.

*Karpow – Jussupow*

UdSSR-Meisterschaft 1988

Eröffnungscode D 36

**1.c4 e6 2.Sc3 d5 3.d4 Le7 4.Sf3 Sf6 5.cd5: ed5:**
Die Eröffnung kann auch durch diese Züge eingeleitet werden: 1.d4 d5 2.c4 e6 3.Sc3 Le7 4.Sf3 Sf6 5.cd5: ed5: wie in Nogueiras — Beljawski, Weltcup Brüssel 1988.
**6.Lg5 c6 7.Dc2 g6 8.e4!**

Diagramm Nr. 89

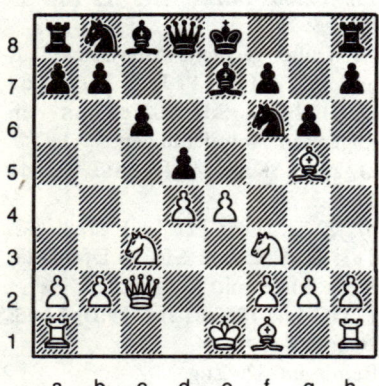

Die andere Variante lautet: 8. . . . de4: 9.Lf6: Lf6: 10.De4:† De7 (oder 10. . . .Kf8 11.Lc4 Kg7 12.0-0 Te8 13.Df4 Le6 14.Le6: Te6: 15.Tfe1 Te1: 16.Te1: Sd7 17.Se4 Le7 = Timman — Short, Belgrad 1987) 11. Lc4 Le6 12.Le6: De6: 13.De6: fe6: 14.0-0-0 Sa6 = Nogueiras — Beljawski.
**8. . . .Se4: 9.Le7: Ke7:**
Ja nicht 9. . . .De7:? wegen 10. Sd5:!, und Weiß gewinnt.
**10.Se4: de4: 11.De4:† Le6 12.Lc4 Da5† 13.Kf1 Df5 14.De3 Sd7 15. Te1 Tae8**

Diagramm Nr. 90

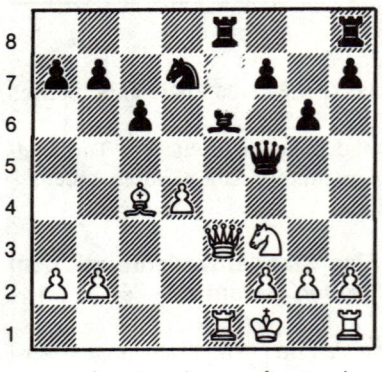

Es folgt der typische Durchbruch mit Opfer des Bauern d5.
**16.d5!! cd5: 17.Lb5 a6 18.Da3† Kd8 19.Da5† Ke7 20.Db4† Kf6 21.Dd4† Ke7 22.Ld3 Dh5 23.h4 Kd8 24.Sg5 Thf8 25.Le2 Dh6 26.Lf3 Te7 27. Db4 Sf6 28.Dd6† Td7 29.Df4 Sg8 30.Lg4 Kc8 31.Le6: fe6: 32.Tc1† Kd8 33.Se6:† Ke7 34.Df8:† Df8: 35.Sf8: Kf8: 36.Th3 Se7**
Weiß gewann mit dem 41. Zug.